「あれこれ考えて動けない」をやめる9つの習慣

90%的事，都能10分鐘做決定

想太多，做不了大事！

9個習慣，擺脫猶豫不決。

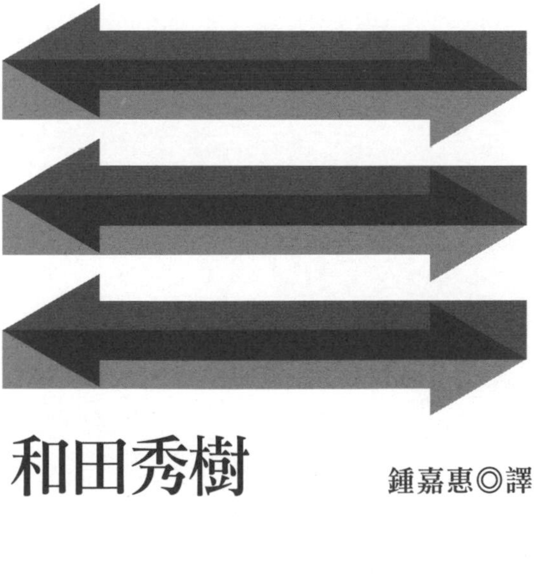

和田秀樹

鍾嘉惠◎譯

前言

想太多的人，做不了大事

「和田先生，為什麼你能做這麼多事？」曾經有人這麼問我。

當然，所謂「能做這麼多事」，有時候是讚美一個人「能力很強」；但是，有時候也意謂著：「你為什麼不會瞻前顧後，猶豫不決？」

不久前，我拍了一部電影。許多人大概會認為，我擔任精神科醫師，同時還要兼顧寫作、經營補習班，明明已經十分忙碌了，在拍攝電影方面又毫無成績（雖然大學時代，我曾有過失敗的電影拍攝經驗，亦曾在片場跑腿），突然決定要「當導演」，實在過於魯莽。若是由別人出資，就算失敗，也只須承認：「我果然沒有拍電影的天分。」稍微丟臉一下就好。可是，我並沒有這樣的幕後金主，而是自掏腰包，拿出1億日元（約台幣三千多萬）以上來拍電影。

許多人問我拍電影的動機，或促使我下定決心的原因，老實說，答案就是「我想拍」。雖然，從結果來看是好的，因為我獲得外國電影節的最佳影片大獎。不過，當初我確實是抱著「不嘗試怎麼知道自己有沒有天分」的想法。

來到這個年紀，之所以會想拍電影，其實是有原因的。因為我不知道自己什麼時候會死，所以我的人生觀漸漸轉變，變成「有夢就追」、「及時行樂」，臨死前才不會後悔。

我的本行是老年精神科醫師，在與長輩們接觸的過程中，我學到許多人生的道理。像是長久地留在工作崗位上，比急著想趁年輕時出人頭地還要幸福；即使因為討好上司或達官顯貴而飛黃騰達，如果不愛護部下，他們日後升官時，自己就會「晚景淒涼」。

反之，若平時常關照後輩，以後就會有許多探望或關心你的後生晚輩。

機會總是在你「想太多」的時候，悄悄溜走

我為病患們診療的過程中，得到許多啟發，改變了我的人生觀。其中最重要的就是，「人100%會死亡。也就是說，人終究有一天會告別人世」。

當你經過一家很好吃的拉麵店時，如果心裡顧慮午休時間長短、會不會發胖、或者今天的開銷等，最後一定會吃不成。也許，你以後再也不會經過那家店；或者過一陣子之後，那家店已經倒了。又或者，隔天你就因為突發意外而死亡。

因為顧慮太多而裹足不前，最後變成吃虧又後悔，所以，我才會有這樣的想法。深深體悟這個道理之後，我想實現「電影夢」的心情就越來越強烈，於是在結識著名劇作家的機緣下，我真的執起導演筒，拍了一部電影。

話雖如此，**人生卻不可能凡事都隨心所欲、要什麼有什麼。考量自己的能力範圍，有些事就是不能做、必須放棄。**

比如說，拍攝電影的資金已確定，無法更動。因為耗資甚鉅，我也在美食與其

他方面節制自己的欲望；我甚至強迫家人縮衣節食，給他們添麻煩。但是，因為拍攝電影的負債，已經超越周轉困難、各方面受限的程度。所以，即使我原本想花更多的錢作宣傳，也因為資金不足而作罷。

而且，因為大學時代拍電影的失敗經驗，我對於什麼事能做、什麼事不能做，已經有一定程度的了解，也會納入規劃時的考量中。

丟掉猶豫，在能力範圍內不妨「試試看」

事實上，我一向對戀愛（因為有家室，會演變成婚外情）和賭博敬而遠之。這並非因為我的道德感特別強烈，而是根據過去的經驗，我自知沒有女人緣，又不擅長賭博的緣故。說得極端一點，對我來說，賭博和女人比拍電影還困難。

「做不到的事情乾脆放棄，但若在能力可及的範圍內，就先做做看再說。」我有信心，只要實踐這個道理，就會得到比別人多好幾倍的寶貴體驗。

總是瞻前顧後、遲遲無法採取行動的人，多半是原本就很理性，且做事謹慎、認真。我試著把自己的經驗中，可以傳授的部分寫下來，或許，這將會幫助總是猶豫不決的人，度過更充實的一生。

深切盼望我的經驗多少能成為激發你「行動」的契機。

和田秀樹

習慣 5
一定要休假

休息是為了走更長遠的路，充電後人會更有幹勁，朝目標邁進。

習慣 6
習慣失敗，享受失敗

不要害怕失敗，請抱持「若能贏，就太幸運了！」的想法，好好努力吧！

習慣 7
絕不對自己喜歡的事說「算了」！

夢想永遠不會消失，逃避的往往是自己，用「行動」能換取實現的機會。

習慣 8
找一個有能力的人，模仿他

越優秀的人，越懂得「模仿」；停滯不前的人，總想著要「自創」。

習慣 9
任何事都有成功模式，找出來

善用「吸引力法則」，告訴自己「我會成功」，你就一定能心想事成。

「擺脫猶豫不決」

9個習慣大公開！

習慣 1
先做再說

不必凡事都要「完全準備好」，只要在安全範圍內，就可行動。

習慣 2
只做能力所及的事

「辦得到」和「喜歡」的事先做，讓「成就感」成為工作動力。

習慣 3
學會請求別人

「互相依靠」是生物本能，不懂得「求人」，很吃虧。不拿手的事，一定要拜託別人幫忙！

習慣 4
不做計畫

計畫永遠趕不上變化，學會「變通」，是成功的捷徑。

第1章

習慣1 先做再說

第2章

習慣2

只做能力所及的事

第3章

習慣3

學會請求別人

第4章

習慣4 不做計畫

第5章

習慣5 一定要休假

第6章

習慣6 習慣失敗，享受失敗

第7章

習慣7 絕不對自己喜歡的事說「算了」！

第8章

習慣8 找一個有能力的人，模仿他

第9章

習慣9 任何事都有成功模式，找出來

Part 1

習慣1

先做再說

——不必凡事都要「完全準備好」，
只要在安全範圍內，就可行動。

想太多，是自己嚇自己

少思考、多行動，戒除「不安感」

「假如變成這樣要怎麼辦？」

準備嘗試新事物前，先有「萬一……」的負面假設，並思考因應之道，這樣做並沒有錯。沒有任何準備，突然受到意外狀況牽連，人們多少會焦慮、驚慌，也會破壞原本的判斷力。然而，「準備過度」也會帶來麻煩。

精神科與精神醫學界將「不安」視為一種問題因素，其中又以「預期性不安」的問題最大。所謂的「預期性不安」，指的是擔心未來可能發生的事，並對未來充滿悲觀的想像和預期的狀態（精神醫學上，只有「擔心恐慌會再次發作」的情況，才使用「預期性不安」一詞）。

由於事情尚未發生，也可以說是純屬「想像、虛構」。不過，**當「太悲觀」或「愛操煩」的人，懷有「預期性不安」時，這種「不安感」就會逐漸升溫，「不安」的事情，越是想它，就會越不安。**

不愉快的經驗容易讓人不安，產生焦慮

精神科醫師為什麼會將「預期性不安」視為問題呢？因為過去曾經出現極端的案例，患者因「預期性不安」過度膨脹，導致不敢踏出家門。尤其是以前患有恐慌症，或被嚴重不安感籠罩過的人，對於再次陷入相同的狀態中，會極度恐懼。

我認識的一位30多歲上班族，曾發生過一件事。幾個月前，他被任命擔任一項重要計畫的負責人，常需要開會。在一次會議中，他因為太緊張，心臟突然劇烈跳動，讓他覺得自己可能會因此一命嗚呼。他很著急，越急心跳就越快，不久便全身冒冷汗，就像快要窒息一樣，喘不過氣來，甚至全身抽搐，感到一陣噁心想吐。據說，他是第一次遇到這樣的情況。

不久後他恢復平靜，又像沒事一樣，甚至不用去看醫生。但是，自從發生這件事後，只要一想到「開會」，他的心裡就會掠過一絲不安，擔心自己是不是又會心悸、昏倒。這種「擔憂感」讓他食欲減退、健康惡化。

因此，他決定請教專業醫師。事實上，像他這樣的情形，我們稱之為恐慌症或焦慮症（焦慮障礙）等，需接受精神科或心療內科的專業醫師治療。

船到橋頭自然直，想太多不如快行動

不過，就算是單純的「愛操煩」，有時候也會引發激烈的症狀。比如說，早上準備出門上班時，心中閃過一絲不安，不久後迅速升溫，會是什麼情況呢？

「如果在今天的會議上說錯話，怎麼辦？」

「如果還沒到車站就被車撞，怎麼辦？」

「如果搭公車，說不定會遇上車禍。」

「搞不好電車會出軌，被困在車廂裡。」

「想太多」容易讓人不安

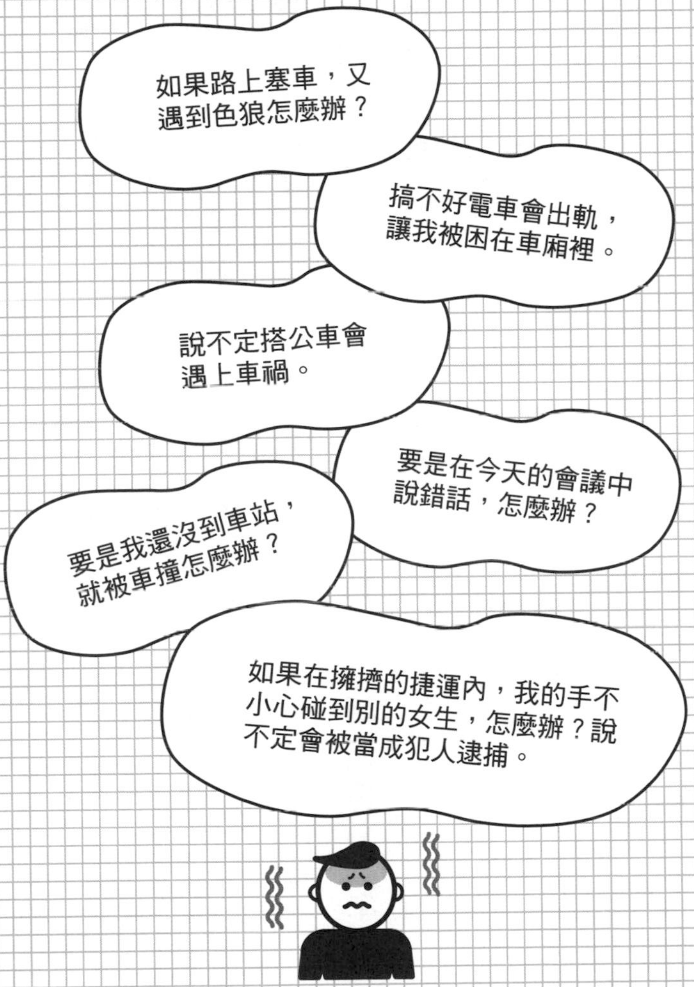
如果路上塞車，又遇到色狼怎麼辦？
搞不好電車會出軌，讓我被困在車廂裡。
說不定搭公車會遇上車禍。
要是在今天的會議中說錯話，怎麼辦？
要是我還沒到車站，就被車撞怎麼辦？
如果在擁擠的捷運內，我的手不小心碰到別的女生，怎麼辦？說不定會被當成犯人逮捕。

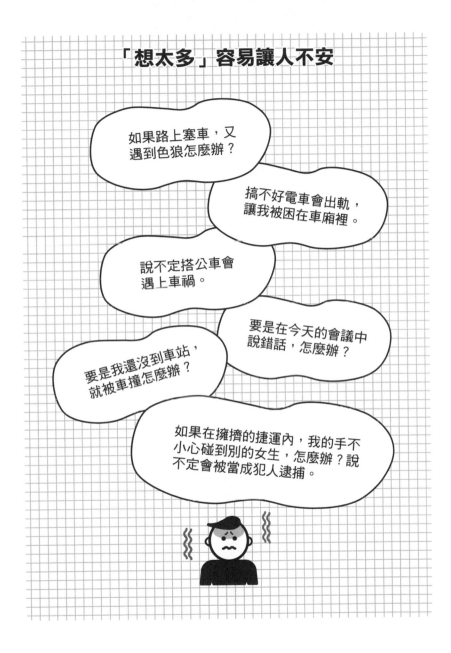

「如果在路上塞車，又遇到色狼怎麼辦？」

「如果在擁擠的捷運內，我的手不小心碰到別的女生，怎麼辦？說不定會被當成犯人逮捕。」等等。

越想越不安，怕會遭到無妄之災，最後被「不安感」支配，越來越力不從心，甚至不敢離開家裡；這種情況就是「越想越糟糕，最後變成無法採取行動」，最好的解決辦法就是「動起來」。

雖然好像很矛盾，但是，**「實際行動」能降低「不安感」出現的頻率，只要擁有「船到橋頭自然直」的經驗後，就會更有行動力。**

因此，最重要的就是先讓自己採取行動，而不是一直思考。這也是我寫這本書的原因。

你覺得「不安」的事，通常不會發生

丟掉「恐懼」，把握當下最重要

前一篇所述的狀況，在第三者看來會覺得愚蠢至極，但是，當事人卻會非常認真看待。即使沒那麼極端，偶爾會被「如果不小心發生車禍……」這種不安感支配的人，應該也不少吧？

當身邊的家人或朋友心裡懷著「預期性不安」時，該怎麼讓他放心呢？如果對他說：「不用擔心，捷運出軌的機率很低。」他就能放心嗎？答案是「NO」。「不安」和「妄想」不太一樣；雖然捷運出軌的機率非常低，但是，我們卻不能保證這種意外「絕對不會發生」。

「車禍」發生的機率則更高，日本去年發生的車禍有76萬5510件。這些車禍造成94萬4071人受傷，5155人失去寶貴的生命，每天平均有14.12人死於車禍。在1小時42分鐘內，就有1人死亡。

我們無法肯定自己絕對不會是死亡的那個人，更何況與飛機失事這種一次就死數百人的事故相比，車禍的死亡人數更多。

雖然有人因為擔心飛機失事而不敢搭飛機，但是，如果因為害怕車禍就不出門，大概會被人嘲笑頭腦有問題吧！「不常發生」並不表示「不可能發生」，因為「不安」而擔心並不是妄想，就發生的機率而言，甚至比害怕搭飛機還要正常。

意外不一定會發生，別自己嚇自己

「預期性不安」並非空穴來風，因此更令人擔憂。不過，即使感到不安，多數人還是會外出，也會搭公車、捷運，**原因就在於，他們已經養成把可能性很小，發生機率很低的意外，當作「不會發生」**。

儘管不希望被捲進意外或事故中，也害怕失敗，但是，我們無法保證這些事不會發生。世界上沒有「100％一定會發生的事」，也沒有「100％不會發生的事」。

世界上沒有「千真萬確」的事，以數學的角度來說，1＋1＝2；但從物理學的角度來看，也有人認為1＋1≠2。就算是牛頓力學也會出錯；地球暖化的元兇，究竟是不是二氧化碳，至今也尚未得到證實。

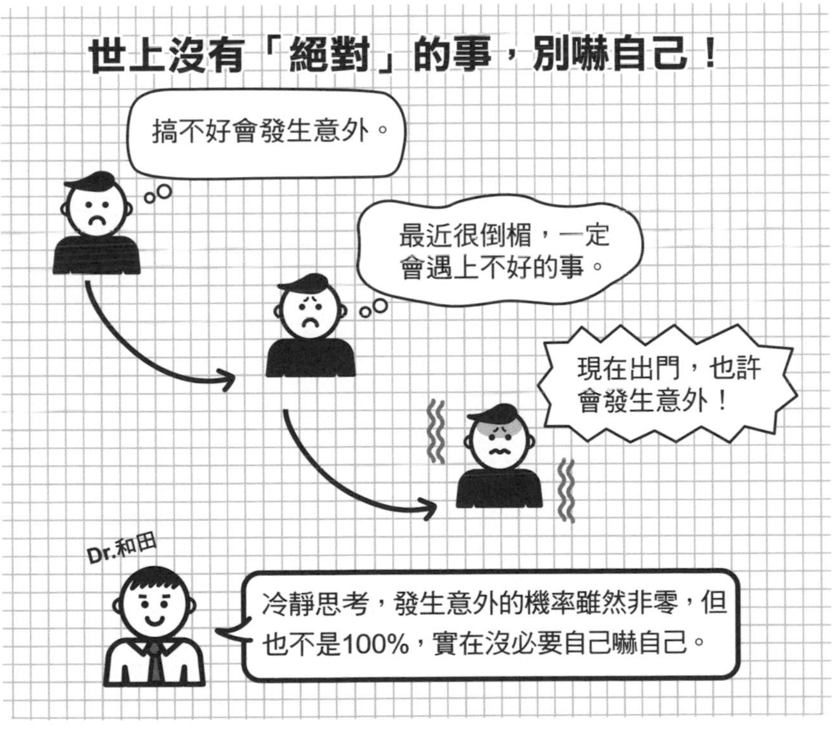
世上沒有「絕對」的事，別嚇自己！
搞不好會發生意外。
最近很倒楣，一定會遇上不好的事。
現在出門，也許會發生意外！
Dr.和田
冷靜思考，發生意外的機率雖然非零，但也不是100%，實在沒必要自己嚇自己。

如果世界上有100％一定會發生的事，那就是「死亡」。不論人類或動物，只要是生命，終有一天會死。儘管人們不斷研究長生不老的方法，但是，現階段絕對沒有人不會死亡。

如果能夠體悟這件事，說不定就能看開，輕易消除內心的不安。

設定「最壞的狀況」，你還怕什麼？

先預設好「停損標準」，失敗時便能輕鬆面對

儘管有遇上無妄之災的風險，人們還是會外出，也會搭乘交通工具，這是因為人類都想追求更美好的生活。人類的許多行為，也出自同樣的道理。想向喜歡的人告白，但是害怕被拒絕，所以不敢說出口；必須談生意，卻又擔心過程不順利，因而不敢出門。

但是，有件事是確定的，**如果永遠都不付諸行動，什麼也改變不了。**也許，你單戀的對象會對你提出交往的要求；客戶主動打電話來訂貨等。但是，發生這種情況的機率很低。如果不主動表明心意、不去找客戶談生意，就不會有任何進展。日復一日，不做出半點成績，情況永遠不會好轉。

若單看結果，被心儀的人拒絕而無法進一步交往，和沒有表達心意而無法交往，其實沒有什麼不同。去找客戶談生意但是沒談成，和不去跑業務而拿不到訂單，同樣都是「辦事不力」的結果。

不過，如果鼓起勇氣表白，就有機會交往；跨出談生意的一步，談成的可能性最少也會有3成。換言之，不吐露自己的愛慕之意，或因害怕失敗而不去拉生意，不但浪費時間，也浪費生命。

與其害怕風險而裹足不前，不如追求更美好的明天。因此，請別再猶豫，先行動再說，勇敢向前踏出一步。

只要懂得停損，就算失敗也能釋懷

行動的方法有很多，其中之一就是「預期性不安」與風險「停損」。

「停損」是經濟學用語，意指在股票或證券出現虧損時便脫手，使「損失」不再增加。假如以10萬元買進股票後，股價逐漸下跌，跌破5萬元時，一般人都會預測股價將會跌得更低。

於是，在你為損失的5萬元感到惋惜而舉棋不定時，這家公司有可能會破產，使股票變成廢紙，投資血本無歸。

但是，如果你當機立斷，以5萬元賣掉股票，就只會損失5萬元；選擇「小賠」，就能迴避更大的損失。

當股價暴跌、陷入恐慌時，我們可能會失去判斷力。為了避免這種情況，買進股票時，通常會先估算跌到多少時一定要賣出。不過，有些人覺得損失5萬元非同小可，抱持有朝一日股價會上揚，這種機率渺茫的期待，因而遲遲沒能脫手，最終造成更大的損失。

「停損」的好處就是能清楚知道損失的金額或受害程度，損失再多，若能預見損失的最大值是5萬元，會比較容易釋懷，不會動彈不得。面對「預期性不安」，也是同樣的道理。

不妨養成「停損」的習慣，對某種程度的風險，睜一隻眼閉一隻眼，**就算失**

以安全的方式行動，就不用害怕

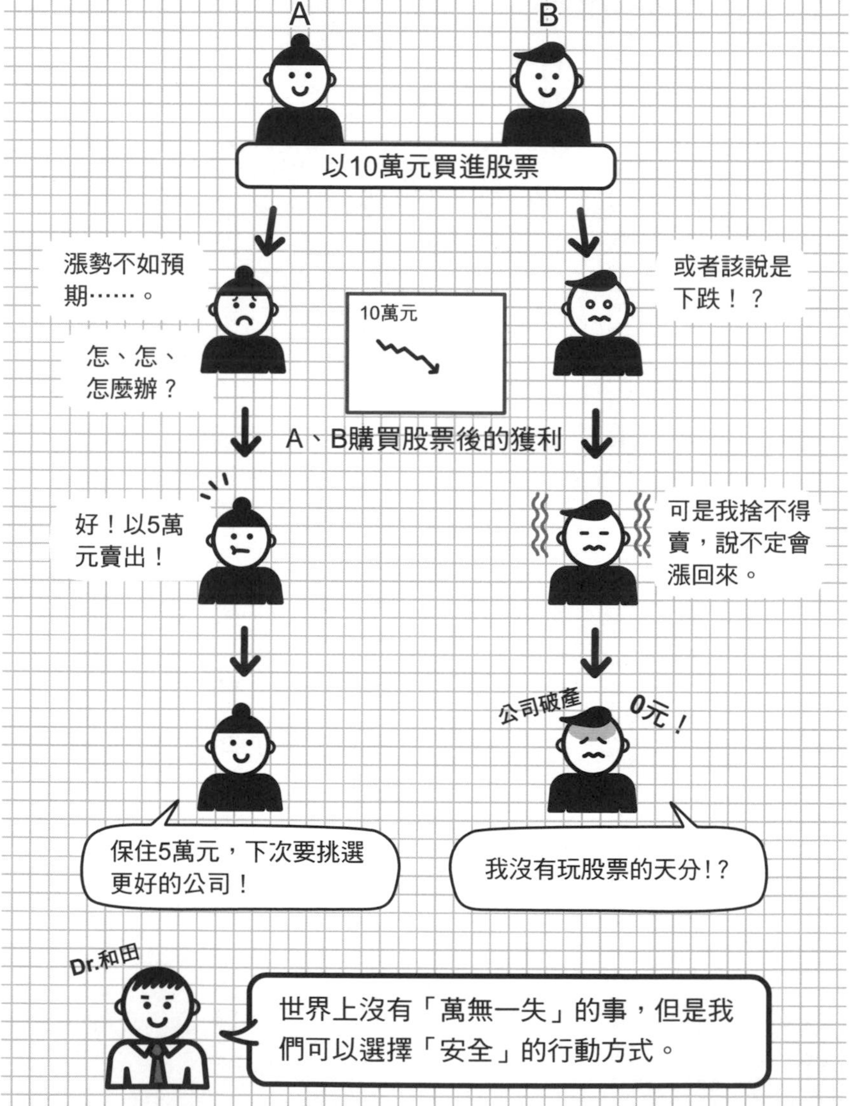

敗也要懂得釋懷，對自己說：「不過如此嘛！」然後，請採取行動——這是最重要的。就算是1步也好，請試著動起來。你會發現，再跨出下一步時，竟是出乎意料地輕鬆。

沒有「零風險」這件事，掌握「基本安全」就足夠了

遲遲無法行動的人，多是對於踏出「第一步」感到猶豫不決。「第一步」固然沉重，「第二步」卻會輕鬆許多。當你跨出第三步、第四步時，就能逐漸加快步伐，慢慢變成一個行動自如的人。

反之，如果光用腦袋思考卻不行動，「不安感」就會逐漸擴散。不管做任何事情，都必然伴隨著風險。但是，如果因為擔心風險而不行動，人生將不會有任何可能性，也沒有機會。

醫師們進行的醫療行為，也與「風險」密不可分。再簡單的治療，也無法保證100%安全。例如，有一種嚴重的過敏性反應叫作「過敏性休克」，這是因為藥物、

食物或被蜜蜂螫到等引起的休克症狀，嚴重者甚至會致命。

最極端的情況是，只要服用一顆感冒藥，或施打一支針劑，就可能引發休克而死亡。當然，出現這種狀況的機率，只有數萬分之一，甚至更低，但並非「零」。因此，醫師治療時，無時無刻不與「風險」相伴。要是因此而害怕「風險」，就無法獲得成果，損失也會日益擴大。

我希望遲遲無法行動的人，必須了解「萬無一失」與「安全」的差異。雖然「萬無一失」並不存在，但是，我們至少可以選擇「安全」的行動方式。世界上沒有「零風險」的事情，所以，**不必等到「萬無一失」，只要判斷「安全」時，即可採取行動。**

律師、醫師已不是「高薪保證」，月領2、3萬大有人在

不給自己機會，就無法改變

假如你想成為有錢人，或是靠「用功讀書」考上知名大學，畢業後進入一流企業工作；或者成為醫生，認為這樣的人生非常穩當。

假如你想成為萬人迷，只要減肥、做重訓，鍛鍊出迷人的外表，受歡迎的機率便會提升。

也許你想做生意、賺大錢，可以模仿過去進口美國商品、降價促銷，或是擴大投資，成為國內貨色最齊全的店家。只要模仿這個模式，就有一定的成功機率。

然而，這種參考的「成功範本」，現在已然不復存在。

遑論美國，世界上的各種商品，都可以輕易的透過不同管道取得，「從國外帶回來」的商品，再也不是「暢銷」的保證。擁有知名大學的畢業證書，也無法保證能進入一流企業工作（話雖如此，優秀大學的畢業生，找到好工作的機率還是稍高些）。就算能到一流企業工作，說不定公司也會突然破產倒閉，更何況，現在已經沒有「終身雇用」的企業，只要表現不佳，隨時可能被資遣。

「菁英」不再吃香，學歷、證照已非就業保證書

所謂的「菁英」，現在也不存在了。以前，如果父、母親是醫生，孩子多半也會從醫，但是，這種「子承父業」的現象也已逐漸消失。我的醫生同業們，多半都不希望自己的孩子當醫生。

2007年時，東京齒科保險醫協會發佈一個數據，指出當年一共有350間牙科診所歇業，粗略計算，幾乎每天都有1間診所倒閉。

尤其是大都會中，牙科診所林立的區域，診所的數量據說是超商的好幾倍。隨

著人口老化、少子化，未來的人口將銳減，醫療費用也會受到抑制。然而，醫學系的招生名額卻持續增加，比過去更容易考取，此種現象，也意謂著即使當上醫生，也不保證能過穩定優渥的生活。

此外，「尊敬律師」也已是過去式。因為法學院接二連三設立，律師的人數日漸增加；相反地，在景氣低迷的大環境中，律師的委託案正逐漸減少中，有越來越多的律師轉行（編按：根據台灣勞委會統計，由於供過於求，流浪律師越來越多，且律師早已跌出「高薪職務前20名」的榜外，有些律師的月薪甚至只有2萬多元）。現實中，接不到案子的律師，遠比一個普通上班族還要貧窮。

沒有富爸媽，想成功有錢，做就對了

然而，從另一個觀點來看，這個時代也創造出各種可能性。**既然沒有所謂的「成功模式」可以依循，就表示如果不多方嘗試，永遠不可能成功。換句話說，不做做看，就無法知道結果。**

現代社會中，不管是工作或學習，都有很多嘗試的機會。即使是首次做生意的人，運用少少的資本，也能進行各種試驗。儘管有可能會失敗，但是，既然資本很少，就不會損失太多錢。

如果想賣東西，利用網路，沒有店面也能創業。利用貨到付款等方式，不使用現金，也能進行直銷、郵購。假使嘗試過某種產品後失敗，也可以販售其他商品，出現好賣的商品時，再考慮增加產量就好。

乍看之下，也許會覺得沒有成功模式可以仿效，讓風險增加不少；實際上，這代表運用小資本獲利的時代已經到來。想搭上這股潮流，就必須先「行動」。若你有想要嘗試的事物，不妨設定好預算，先用小資本試試看，如果能因此開創新事業也很好。

事實上，親身實踐、在短時間內，年紀輕輕就成為億萬富翁的大有人在。Mixi社群網站的創始人笠原健治先生，創業不過短短數年，便在30歲前成為億萬富翁，並於32歲時，被富比士雜誌評選為「日本40大富豪」之一。文中介紹他的資產總額，估計有7億4千萬美金，非常可觀。

日本社交遊戲網站Mobage Town的創始人南場智子女士，也是在瞬間躍升為日本女性創業社長中獲利量的第一名。這些人之所以成功，都是因為先付出行動，才能獲得結果。

就算失敗9次，只要有1勝，就是成功

別太貪心，請做拿手的事就好

2009年，富比士雜誌評選出的「日本40大富豪」榜首，是以優衣庫（UNIQLO）聞名的FAST RETAILING創始人柳井正先生，推估其資產總額為61億美金。

柳井先生從早稻田大學政治經濟學系畢業後，進入JUSCO（現為AEON RETAIL）工作。但是，只做了9個月就離職，回到故鄉山口縣宇部市，進入父親所創立的「小郡商事」工作，並使其成長為馳名於世的大企業。

想必多數人都以為他一路走來一帆風順吧？但是，柳井先生寫了一本書，名為《一勝九敗》。書中揭露他擬定了10項決策，其中9項都失敗；不過，唯一成功的這「1勝」，卻延續至今。

即使敗績累累，只要在能力所及的範圍內（不會債台高築的前提下），失敗再多次都能捲土重來。因為做過各種嘗試，反而會逐漸提升獲得「1勝」的可能性。

我們不必追求像柳井先生那樣的成功，只需要每天獲得一點點的成功就好。雖然不斷嘗試，卻不會造成太大損失，自然不必畏懼失敗。

如果做過許多嘗試，只要有一項成功，從結果來看，這些失敗的經驗，都是通往成功的過程。最重要的就是「付出行動」，實際去做。雖然「滴水能穿石」，但是，現在的時代已不需要太過努力。一旦發現行不通時，立刻改變方法，就有機會獲得巨大的勝利。

如果了解這個事實，還繼續以「很難採取行動」、「無法實行」為藉口，實在非常愚蠢。**若能在苦惱時就踏出第一步，便能拉開與競爭對手間的距離。**

稱稱自己幾兩重，少碰不擅長的事，減少失敗

失敗了就從頭來過，最重要的是以輕鬆的心態去嘗試各種事情。即使嘗試9次都失敗，只要最後贏得勝利就好。柳井先生的「一勝九敗」，再加上盡量少碰自己不拿手的事，就成為我個人的「必勝心法」。

從學生時代起，我就參與各種活動，但是，這一切都是為了實現自己的夢想。為了盡量不浪費時間，若非必要，我盡量不做自己不擅長的事。學生時代的我，一面往返於醫學系、一面幫雜誌撰稿，因為四處採訪而忙碌奔波。

建立傳播媒體界的人脈，是因為我成立了「東大偶像製作研究會」。該研究會是為了實現我拍電影的夢想，作為籌措資金、擴大人際網路之用。

但是，不論我準備投入多大一筆資金來拍攝電影，也不會有知名女星願意在大學生的電影中露臉。因此，我趁著山口百惠小姐息影的機會，舉辦由東大生票選出新偶像的活動，我打算讓活動中選出的偶像，擔綱演出我的電影。

當時這個活動頗為轟動，雀屏中選的武田久美子小姐，至今仍是日本家喻戶曉的藝人。雖然我拍攝的電影，被當年紅透半邊天的近藤真彥主演的《HIGHTEEN BOOGIE》搶走光彩，不過我卻因此與媒體界有更深的接觸。

另一方面，我以當時灘高等學校（相當於台灣的建國中學）考上東大醫學系的人數，遠勝於東京的高中為訴求，開始經營補習班。這家補習班至今依然存在，是協助2、3千人考上東大的知名補習班，但是因為我出資不多，後來被趕出經營團隊。

必勝心法就是，只做喜歡、拿手的事

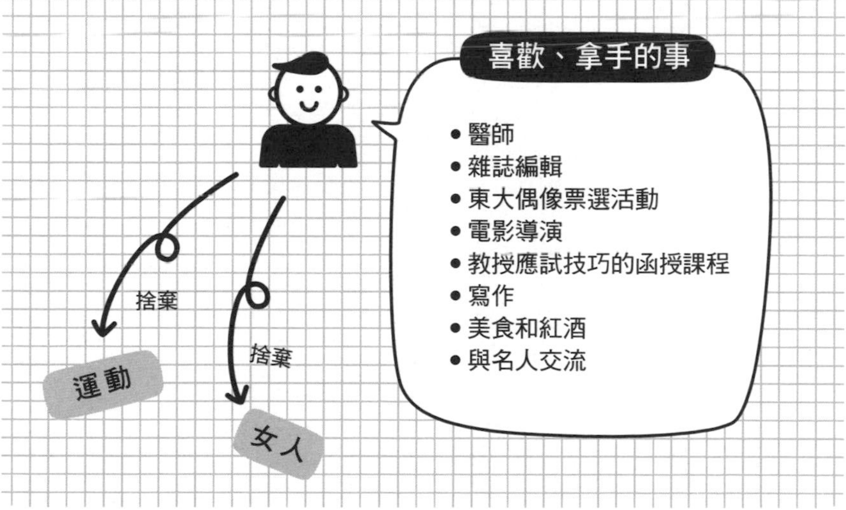
喜歡、拿手的事
• 醫師
• 雜誌編輯
• 東大偶像票選活動
• 電影導演
• 教授應試技巧的函授課程
• 寫作
• 美食和紅酒
• 與名人交流
捨棄
運動
捨棄
女人

但是，我運用我的應試技巧，另外成立新的補習班，之前出了一個東大醫學系的狀元，經營得很成功。我同樣也是經歷過成功與失敗，才成為現在的我。

永遠保持「學生」心態，不試試看怎知道？

我求學的年代，自行創業的大學生並不多。一般人的想法，大概就是既然已經考上東大，那就好好念書拿學分，努力求職，進入一流企業工作，或是從事醫師、律師、教師等，被人尊稱為「師」的行業。可是，那樣只會得到理所當然的結果。

學生時代，應該利用課餘時間，嘗試不同的事情；因為一旦踏入職場，必然會失去許多可以自由運用的時間。如果嘗試的結果很順利，可以持續下去，當然，如果失敗就放棄。

當時我所抱持的「不試試看怎麼知道」、「有興趣就去做」的想法，在現今的社會仍很管用，現在的我依然是以這種態度生活。

Part 2

習慣2

只做能力所及的事

——「辦得到」和「喜歡」的事先做，
讓「成就感」成為工作動力。

強項發揮到99%，可掩蓋1%的不完美

以專長凸顯自己，幫自己加分

我有個朋友真的非常優秀，但是他的態度很消極，明明有能力卻不發揮。參加會議時，他從來不表示意見；即使心中有不錯的點子，卻總是無法抓住機會表達，讓時間一點一滴流逝。

上司也知道他很優秀，為什麼呢？因為只要交代他撰寫提案，他一定能交出一份創意與實務兼具的精彩提案。但是，如果無法在會議中積極推銷自我，也很難在社會中被評價為「優秀」。

小學時，不是常會出現沒有特別優秀，卻總會率先大聲舉手發言的學生嗎？第一個舉手發言的人，通常表示他是班上的意見領袖。既有影響別人的力量，又受到

班上同學的信賴，老師也對他疼愛有加。當時我以為他一定成績好又活潑，具有領導統御能力。

可是現在想來，他雖然個性積極，成績卻很普通，領導能力也不怎麼樣。因為班上有成績比他更好的同學，也有不愛出風頭，但是只要賦予其領導者的身分，就能將全班團結起來的同學。

不過，即使能力不是最強的，只要敢搶第一個發言，就能成為班上的領導者。遺憾的是，一旦出了社會，這種現象會更加顯著。就算你有多麼出色的點子或才華，不舉手發言，就得不到讚賞。

因此，率先舉手發言的「勇氣」，比腳踏實地的努力更受人重視。

先做拿手的事，減少失誤

我指導學生準備考試時，都會告訴他們，最重要的就是加強自己的拿手科目，從最有機會得分的科目開始讀起。

考試是採計總分，利用拿手科目提高總分，在得分上比較有利。另外，考試當天，**遇到不懂的題目要先跳過，從自己有把握的題目開始作答**，而不是從第一題開始依序解題。

其實所有的考試都是一樣的，多數考生都誤以為，準備考試就是要克服「不拿手的科目」。比如說，如果要考高中，就會花時間念數學、國文、物理等不拿手的科目。或者，從國外回來的孩子自認為英文不錯，就覺得該把時間花在國文、數學等其他科目上。

若用這種方式讀書，大概都會落榜。為什麼呢？因為不拿手的科目，唸了也不會快樂，花費很多時間唸書，卻無法獲得相對的成果。更何況，多年來一直唸不好的科目，不可能只稍微加強一下，就突飛猛進。而且，讀自己不拿手的科目，既無趣又痛苦，甚至連準備考試這件事，也讓人難以忍受。

別碰不擅長的事，用「專長」凸顯自己

特別是曾在國外生活、又對英文自信滿滿的人，更容易栽跟頭。自認為英文好，就專攻國文、數學，結果拿手的英文卻沒有拿高分，這樣的例子非常多。會講英文，也有一定的閱讀能力，與英文成績的好壞，根本是兩回事。

就算每個英文單字都認識，有時候卻會因為母語能力不佳，看不懂題意。但是，他們閱讀英文的速度和以英文為母語的人一樣快，「讀英文」對他們而言，並

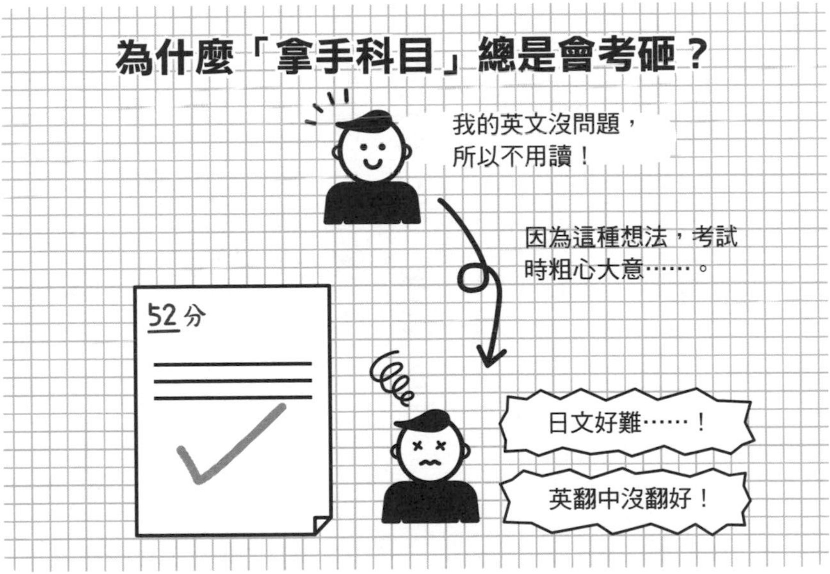
為什麼「拿手科目」總是會考砸？
我的英文沒問題，所以不用讀！
因為這種想法，考試時粗心大意……。
52分
日文好難……！
英翻中沒翻好！

不是件苦差事；因此能夠用比一般人快一倍以上的速度，研讀英文題庫。

因此，如果拿手的英文能夠考到接近滿分，其他科目的分數低一點也沒關係。簡單來說，就算沒有非常認真讀不拿手的科目，也可能順利上榜。

試著回想一下大學入學考試、公司的徵才考試，或最近考過的資格考等，你是否也有過被不拿手的科目整得七葷八素，最後考砸的經驗呢？這種人也很容易被工作、不擅長的業務、個性不合的上司和前輩耍得團團轉之後慘遭失敗。為避免發生這種情況，**我建議各位不妨擅用「以專長凸顯自己」的技巧，幫自己加分。**

做喜歡的事，貴人就會出現

大腦會因喜歡而有動力，產生衝勁

每個人都有自己擅長和不擅長的事，對人、事、物也都有不同的好惡；面對某件事時，如果一開始就很反感、覺得自己做不到，想克服就更困難。

尤其是一遇到「大人物」就會退縮的人，這種人最容易錯失機會。為什麼呢？**因為不會主動示好的人，無法引起別人的關注，甚至會被忽略；最後，永遠得不到「貴人」的幫助。**

「A同事就算遇到高級主管也不會緊張，臉不紅、氣不喘地向對方投懷送抱。旁人有時候會擔心他的態度是否會冒犯上司，為他捏把冷汗；但是這樣的態度，反而會給人好印象。不但如此，他與同事、部屬的互動也很輕鬆愉快，風評很好。」

從各個角度思考一下，效法A同事，改頭換面、努力奮鬥，主動向平時總想逃避的上司示好，你覺得如何呢？

勉強吃不喜歡的食物，只會更沒胃口

最近，「均衡飲食」的風潮非常盛行，據說有一種改善孩子偏食的方法，就是從討厭的食物開始吃；把享受放在最後，先吃討厭的食物，這樣一來，最後剩下的就是自己喜歡的食物。也就是以喜愛的食物為餌，誘使孩子吃下討厭的食物。

不過，這樣真的能夠改正偏食的習慣嗎？因為想吃自己喜歡的食物，就勉強吃下討厭的食物。即使不想吃，為了最愛吃的東西，還是會閉著眼睛、把討厭的食物吃下肚。

這樣一來，「討厭的」永遠不會變成「喜歡的」，只會越來越討厭。更糟的情況是，討厭的食物已經把胃撐飽了，最後連喜歡的食物也吃不下。不斷惡性循環後，「吃東西」就會被貼上「無趣」的標籤。最後變得討厭吃東西，或對吃東西不感興趣，與「均衡飲食」的立意漸行漸遠。

看過《兩小無猜》這部電影嗎？電影中描述兩名小學年紀的少男少女初嘗戀愛滋味，擁有想要在一起的單純心情，自行舉辦婚禮的故事。其中，有一段吐司烤焦的情節，讓我印象特別深刻（見下圖）。

不小心把吐司烤焦時怎麼辦？只要把烤焦的那面翻到背面，從沒烤焦的地方開

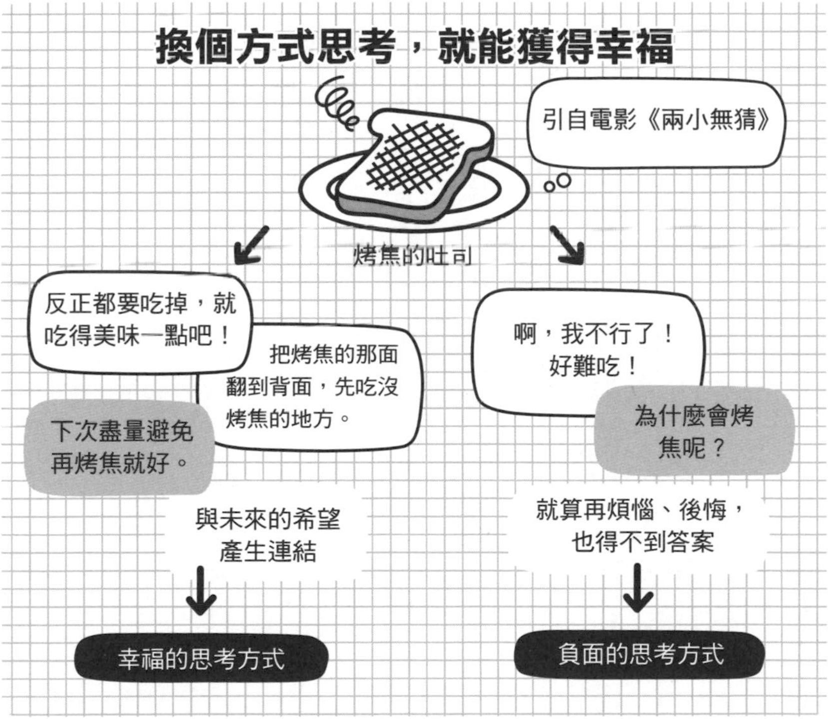

始吃，就能吃得津津有味。從心理學的角度來看，我認為讓孩子先吃最喜歡的食物，才能達到「均衡飲食」的目的。

當喜歡和討厭的菜同時出現，任何人都會自然而然把手伸向喜歡的菜。吃喜歡或美味的食物能增加食欲，因為吃得很開心，也會覺得接下來要吃的食物很好吃。

選擇喜歡的工作，才不會浪費生命

然而，如果勉強自己吃下討厭的食物，絕大部分的食欲就會消失。「工作」也是同樣的道理，不要勉強去做自己討厭或不擅長的事，能避則避。**做得心不甘情不願，也不會有好結果，只會失去企圖心，說不定還會半途而廢。**

所以，首要之務就是做自己喜歡的事；吃飯時，從自己愛吃的菜吃起。雖然看似毫無關連，但是，害怕面對大人物、遇上大人物便畏縮不前的情況，也與這個道理相通。

不必把它當成弱點而耿耿於懷，不擅長的事情，就往後延遲、能避則避吧！**思**

考如何從拿手的事情著手，使出渾身解數吸引眾人的目光；藉此建立人脈，也許有一天，它將為你與大人物牽線。與其勉強、忍耐，還不如做自己喜歡、拿手的事情比較好。

人事調動是每一個上班族必經的過程，有時候還會被調到與之前毫無關聯的部門。若是剛進入公司，不妨多向上司或前輩學習。不過，如果你已經超過30歲，就不能這麼做，應該要卯足全力學習與新工作有關的事物。

此時，如果你一開始就鑽研艱澀難懂的參考書，很快就會覺得挫折。最好從相關書籍、資料、參考書等看似簡單、有趣，覺得自己會喜歡的內容開始閱讀。如此一來便會萌生興趣，迅速讀下去。所以，先有粗略的理解，再進一步鑽研專業度高或艱深的資料，循序漸進的學習，才能事半功倍。

做喜歡的事，可以增加「思考力」與「記憶力」

有一種道德思想叫作「先憂後樂」，這句話出自中國北宋政治家范仲淹的《岳陽樓記》：「以天下為己任，先天下之憂而憂，後天下之樂而樂。」意思是愛國的有志之士，憂心國事當於天下人之先，享樂則應於天下人之後。

不過，我認為這種做法，無法在工作上獲得成功；從快樂、擅長或簡單的事情開始做起，可以做得更快，也很容易得到成果，還會越做越順手，甚至連原本不擅長、覺得困難的事，也會變容易。若能藉此讓自己做事更有動力，一定能闖出相當的成績。

大腦科學也證明這點：人類在做某件事時，如果做得開心起勁，前額葉的血流會增加。**研究也證實，以這種「帶勁」的狀態做事，完成後，思考力與記憶力都會增加。**

因此，如果立志成為一個有行動力、工作能力強的人，最好要「先甘後苦」。

工作的順序感，決定你的成敗

困難的事要最後做，簡單的事先處理

運氣很好的人，就算不努力也能成功；善於把握機會的人也是如此。**即使做同樣一件事，時機的好壞，會獲得截然不同的評價。**

我曾聽過一個關於減肥的趣聞，照理來說，想減輕體重，通常會透過減少食量、限制熱量攝取，少吃碳水化合物和脂肪等易發胖的食物，或是多運動等方法。不過，克勞德．蕭強（Claud Chauchard）醫師卻認為，「減肥成功的關鍵在於進食的時機」。

蕭強醫師是法國人，同時也是擔任國際抗衰老預防醫學會副會長的抗老化權威，根據他的研究，日式料理的「進食順序」最適合減肥。懷石或宴會料理等日式套餐，從各色小菜開始吃，再以米飯、味噌湯、醃漬物、水果作結束；將屬於碳水化合物的米飯排在最後，是最理想的用餐順序。

如果用餐時先吃碳水化合物，人體會大量分泌胰島素，吸收食物中的養分，同時降低血糖、提升食慾，讓人忍不住吃進更多東西。之後攝取的魚、肉類等營養，包含脂肪在內，也會更容易被人體吸收。

而日式料理是先吃蔬菜、魚、肉，待體內慢慢分泌胰島素後才吃米飯，因此吸收率不會太高，因為吃主食的時候，會覺得已經有飽足感，所以不會發胖。從「用餐順序」中，也能悟出一個道理：就算內容相同，「時機的好壞」將造成天差地遠的結果。

適度「休息」，讓工作更有效率

最近有一個以醫師工作過勞為主題的廣告在各大媒體播映，內容描述守護懷孕婦女的婦產科醫師，在自己懷孕的時候，根本沒有餘力照顧自己，每天持續工作10

小時以上。事實上，不僅是婦產科醫師，日本醫師的工時幾乎都過長。

我曾經在對病患「來者不拒」的醫院工作過，工作量就像「苦役」一樣大。一整天不停地工作，幾乎沒辦法休息。每逢值班時，常常還得連續工作30小時以上（儘管當時因為年輕，因此學到不少經驗）。

不過，我到美國留學，在當地的醫院實習之後，對美國與日本醫療環境的差異感到非常驚訝，美國的醫師都會刻意找時間休息。他們習慣定時休息，即使在工作中亦然。**每工作50分鐘，會休息10分鐘，就像小學的課表一樣，用適度的休息換取好的工作表現。**

連續工作好幾個小時不休息，會累積疲勞感，使出錯的機率提高。像是工時過長的卡車司機，邊開車邊打瞌睡；不停加班的上班族，突然暴斃或罹患憂鬱症等。錯過休息的時機，造成悲劇的案例很多。

怎麼做才能掌握好時機，讓事情在適當的時間點進行呢？我想，不過度判讀時機，也有其必要性。我每年都要去美國進修4次，但是我卻總是有各式各樣的工作必須完成，如果要尋找適當的時機，大概永遠也去不成。因此，**我會先敲定去美國的日期，再從那天往前推算，把出發日之前的所有工作都妥善處理完畢。**

這麼一來，即使每天的代辦事項很多，也能奇蹟似地完成；大概是因為專注力提高，使生產力上升吧！

不論多忙都要休假，才能走更長遠的路

我弟弟曾經擔任地方檢察官，當時，他每天大約要寫5、6份厚達40、50張稿紙的調查報告，也就是說，他每天要寫超過200張稿紙。他的祕書會把他談話的內容打成文字稿，2天的文字量就幾乎等同於一本書。

儘管如此，他絕對不會減少睡眠時間。我弟弟很重視睡眠，高中時，即使大學入學考試在即，他每晚照樣10點就寢。長大後，他依然保有這個習慣，如果睡眠不足，工作效率會立刻降低。

不管再忙，他一定會為自己預留充足的睡眠時間，以維持工作效率。儘管在旁

人看來，他的工作十分忙碌，但是他每天都有辦法在時間內完成。**掌握自己的時機、善用時間，是提升效率不可或缺的要素。**

無法掌握時間，能力再好也是不及格

能否通過考試，取決於分數的高低。例如，想取得會計師執照，必須通過各種科目的測驗。但是，不管你擁有再多的專業知識，若沒有在考試時間內，將正確答案寫在答案卷上，便無法通過考試。

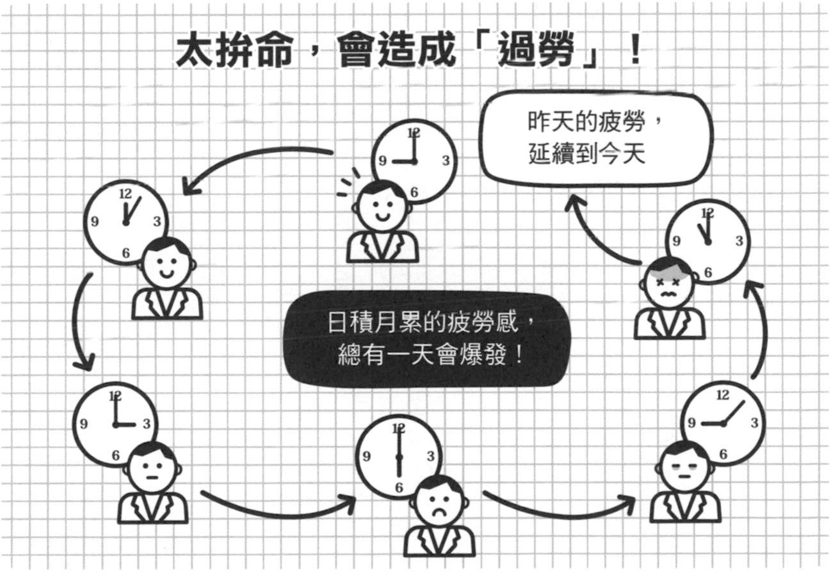
太拚命，會造成「過勞」！
昨天的疲勞，延續到今天
日積月累的疲勞感，總有一天會爆發！

除了資格考之外，中學、大學的入學考試，也往往會栽在「時間分配」上。被前面的題目絆住，以至於時間不夠用，儘管會解後面的題目，卻連閱讀的時間都沒有。懊悔也沒用，只能白白斷送半年、一年的時間，等待下次考試來臨。

不管是差1分就及格，或是沒回答半題得零分，都一樣是「落榜」。反之，不論低空飛過或考滿分，只要通過考試，得到的「資格」就會帶來機會。

當然，如果逾時交卷，就和考零分一樣。因此，我總是告訴學生們，考試時一拿到題目卷之後，盡量跳過不會的題目，從有把握的題目開始作答。

先做拿手的事，提升工作效率

工作時也是如此，代辦事項就像考試一樣，也有時間限制。如果不能在上班時間內把工作完成，就只能加班，或是拖到隔天繼續做。可是，加班很累，會讓效率降低。但是，若把沒做完的工作留到明天，時間會變得更不夠用。

與分配考試時間一樣，工作也不允許時間安排上的失誤。一旦無法在時間內完成，馬上就會被貼上「辦事不力」的標籤。因此，我建議大家，就像吃東西一樣，**工作也要從喜歡的事情開始做起。**

自己喜歡、拿手的事情，做起來會很愉快。由於越做越起勁，會以出乎意料的速度前進，或是能夠將能力發揮得淋漓盡致，獲得好成績。**當你越做越開心時，效率也會提升。**

然而，面對討厭或不擅長的工作時，情況就不同了。也許對別人來說輕而易舉，你卻覺得困難得要命，遇到一點小事就卡住，日益消沉、效率越來越差。導致虛耗許多時間，工作卻毫無進展，使得許多工作必須延到隔天再做。

為了避免造成這種失誤，要從能夠勝任的工作，一項一項依序解決。假如你總共有10項工作，其中3項是你不拿手的；此時，要先解決你拿手的那7項，既然是自己拿手的事，就能夠迅速完成。若能在早上做完7項工作，下午再花時間好好處理不拿手的工作就好。

用很短的時間，做完能夠勝任的事，是優秀人才的必備要素。

有效率的工作術是「先做拿手的事」

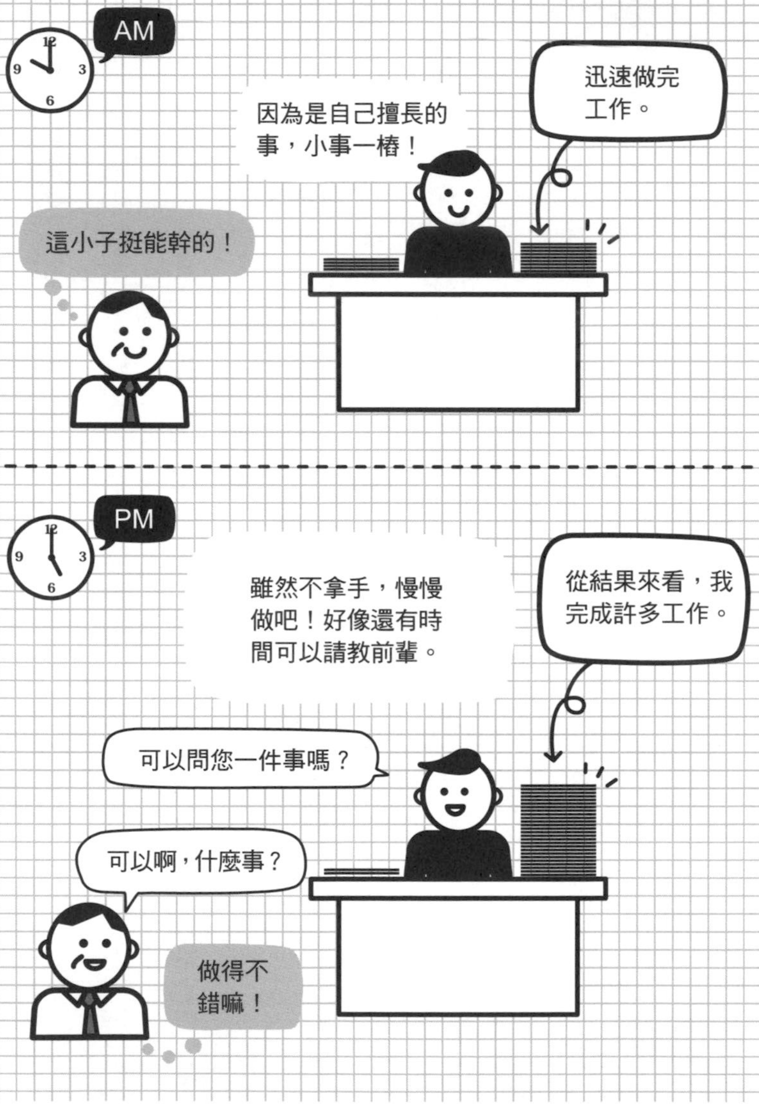

爭取擅長的工作，能為自己加分

不過，光做自己拿手的事，應該也有人會擔心，如果最後自己不擅長的事情都沒完成，該怎麼辦？我先舉個有趣的例子。

這是日本一位以工作精明幹練著稱的前高級官員的故事。剛進入中央部會工作的新人，會接到由各單位轉派的各式工作，每天都要忙到深夜，藉由繁忙的工作來磨練新人。終於，他想通了，唯有優秀或值得尊敬的上司交付的任務，以及自己擅長的工作，他才會全力以赴，否則都往後延。

結果，他的工作能力獲得上司的肯定，備受關愛，也從那裡得到更多工作。雖然，派給他不喜歡的工作的上司，也會問他：「還沒做好嗎？」但是，只要推說：「這份工作真的很困難，我不像前輩一樣能幹，您真的很不簡單！」上司就會一面說：「真拿你沒辦法啊！」一面把工作轉派給其他人，甚至自己出馬完成。

因為上司非得讓工作完成不可，所以這是理所當然的結果。不過，因為他花比其他同事更多的時間來完成上司交付的工作，做出很好的成績，於是，他的評價越來越高。

對於自己專長的領域，若能自告奮勇，就容易獲得這份工作，便不會被派去做不拿手的事。不但如此，因為主動承接，還會被表揚為積極進取的人。先做自己拿手的事，有各種意想不到的好處。

記錄自己一天的行為，效率可提升3倍

唯有了解自我，才能找出失敗的原因

雖然我鼓勵各位做自己擅長的事，可是，一旦出社會後，就不像學生時代一樣，依照科目打分數，因此，很多人都不清楚自己的長處。此時，我建議你準備一本可以放進口袋的小記事本，隨時記錄自己的想法，以及當天的行動等。

這與岡田斗司夫先生在其減肥暢銷著作《別為多出來的體重抓狂——絕不復胖！筆記瘦身法》中提倡的「筆記瘦身法」如出一轍。就是藉由記錄吃進的食物，達到瘦身效果的夢幻減肥法。

為什麼只要在記事本上做記錄，就能瘦下來呢？因為，你會發現自己長期都在「無意識」的狀態下進食，對「吃」毫無自覺。除了三餐以外，常吃零食，肚子餓了就隨手拿三明治充飢，把一天吃進的食物數量寫出來，著實會讓人嚇一跳。

根據記錄，可以看出自己在哪些事情上花費太多時間，效率卻沒有提升。若能將這些工作延後，先做可以有效運用時間的事情，一定會大幅提升工作效率。

❶ 早上起床的時間、醒來後的情緒是好或壞？
❷ 起床後做的第一件事是什麼？
❸ 早餐是否吃得津津有味？
❹ 是否沒吃早餐就趕著出門？
❺ 幾點到公司？

只要記錄工作狀況，效率可提升3倍

把工作都記錄下來，也有助於提升「技術」。**理解自我的行動模式，不僅能了**

解自己的效率，還能根除「浪費時間」的壞習慣。你一定會意外得知，原來那時自己正在發呆、原來自己常會虛度光陰、一事無成。此時，只要動腦筋思考該如何解決、如何利用時間，工作效率就會提升。

因此，首要之務就是「實踐」。準備一本小記事本，從今天開始吧！

一開始可能覺得很麻煩，但是，請先記錄1天看看。接著，隔天也繼續做記錄，先持續記錄3天，之後再堅持一下，試著記錄7天，逐漸養成習慣。一個禮拜後，再檢視一下記事本，你會有如「撥雲見日」般，清楚自己的「真面目」。

除了本來就不太了解自己的人外，連自認為很了解自我的人，也會從記錄中，發覺自己意想不到的生活習慣。若能客觀地看清這一點，人生就沒有困難的事。減少無謂的行動和時間，就能讓工作效率提升2倍，甚至3倍。

Part 3

習慣3

學會請求別人

——「互相依靠」是生物本能，不懂得「求人」，很吃虧。不拿手的事，一定要拜託別人幫忙！

找人商量，一點都不可恥

一個人獨自煩惱，容易產生負面想法

如果一直無法採取行動，借助「別人的力量」也是一個辦法。當自己舉棋不定時，如果能有人在背後推你一把，再好不過了。不需要很多，只要一個就夠了；因此，平常就要有能商量的對象。

說起來，「顧慮太多而猶豫不決」絕對不是壞事；因為想獲得結果、達成目標，才會思前想後。如果最後因為懷有疑慮而沒有付諸行動，這樣固然可惜，卻並非是錯誤，請對自己有信心一點。相信自己做事情絕對不躁進、經過深思熟慮，況且，只要能展開行動，就會創造更多可能性。

如果身邊經常有可以商量的對象，就能幫助你迅速行動。人類這種生物，只要獨自沉思，就容易就陷入走不出來的困境，因為煩惱的事情太多而裹足不前，很可能還會朝消極的方向前進，或是被不安感包圍。

一個人獨自煩惱時，也容易造成負面思考。比如說，在工作不順利的情況下，如果逞強、想獨自解決，問題會越來越大，還可能會惹出大麻煩。**不想給同事或上司添麻煩，於是一個人埋頭苦幹，結果往往是造成身邊所有人的困擾。**既然會演變成這樣的局面，一開始就該先請教他人，也許在同事或上司的協助下，不費吹灰之力就能解決問題。

如果對公司的人說不出口，也可以告訴自己的好朋友；即使是住在遠方的兒時玩伴或忙碌的朋友，也能利用網路聯繫，並不會耗費彼此太多心力。

討論，是「重新思考」的機會

不論是工作或戀愛的煩惱，找人談談應該就能得到一些建議。到底要不要做？用什麼方法？視情況而異，有時候找人商量，也是解決問題的一種辦法。

不獨自思考、向人請益的好處，就是可以從不同於自我的觀點，來判斷自己的想法是否可行、是否過於魯莽。如果一頭栽進去，很容易忽略風險。

因為「旁觀者清，當局者迷」的例子很多。究竟要全力支持，還是全力阻攔？有時候，聽從別人的決定會比較好。此外，還有一個重要的關鍵，講給對方聽的同時，自己心裡也會將問題重新整理一遍。**有時候，重新整理後就會突然「撥雲見日」，並在討論的過程中，開始有建設性地思考這件事，漸漸變得有能力應對。**

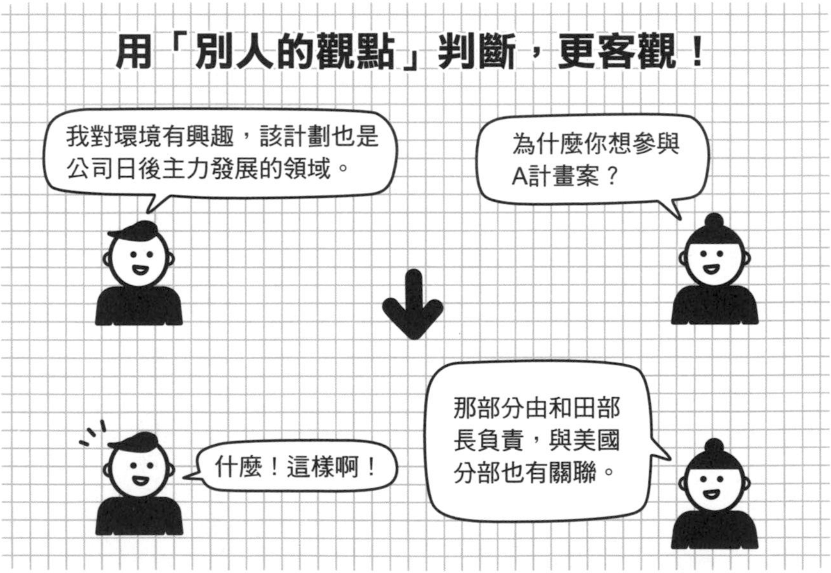
用「別人的觀點」判斷，更客觀！
為什麼你想參與A計畫案？
我對環境有興趣，該計劃也是公司日後主力發展的領域。
那部分由和田部長負責，與美國分部也有關聯。
什麼！這樣啊！

猶豫就表示已有答案，「找人說」是尋求支持

公司將啟動某項大型計畫案，打算招募志願者。你平常就對這類的案子很感興趣，一直想取得這方面的證照，以提升專業技能。不過，這次的風險很大。

繼續待在現在的部門打拚，不用付出太多努力，也能達到一定的成就地位。辛苦地承擔風險真的值得嗎？一旦失敗，是否就會自毀前程？當你越想越難以做決定，期限一天天逼近，卻依然裹足不前。

這時候，記得找人聊一聊。你的朋友雖然不是公司的同事，不了解詳細情形，但是他也會根據種種條件，思考最好的辦法，給你建議。不但如此，**在告訴他人的時候，其實你已經有了答案。因為想挑戰，才會有煩惱、困惑。**

其實你很想站出來爭取，如果因為害怕風險而退卻，將來一定會後悔。可是，你又不敢一個人做決定，希望有人能在背後推自己一把。戀愛也是如此，要不要向對方表明心意？在你找人商量的時候，就已經等同「表白」了。

工作與戀愛的難度越高，順利過關之後的成果也越豐碩。因此，會在背後推你一把，促使你展翅飛翔的人，就是聽你傾訴煩惱的「朋友」。

思考該如何說服對方時，也會看清「成功的機率」

如果你傾訴的對象，誠懇的提出反對意見時，你不妨就此退一步。因為一向支持你的人，如果跟你唱反調，表示有相當充分的理由。就算你未來仍然決定付諸實行，建議不妨先暫時擱置，擬定更實際的策略，才能提高成功的機率。

事實上，如果是自己想做的事遭到反對時，一定會試圖說服對方。**在你尋找說服對方的理由時，也會看清自己的長處與成功的可能。**甚至，你會發現對方反對你的理由，這也是發現自己疏漏的機會。

就算你最後仍然堅持己見，在向人請益、聽取建議的過程中，不論對方是贊成或反對，都會得到許多收穫。

只要想著「贏」，你就會成功

因為沒有退路，反而非做不可

日本奧運選手北島康介先生於2004年雅典奧運的男子蛙式100公尺項目中勇奪金牌，創造了「感覺超棒！」這句流行語。接著又在200公尺項目中獲得金牌，雙冠到手。4年後，他擺脫種種壓力，在北京奧運男子100公尺蛙式項目中，刷新世界紀錄奪金，隨後又贏得200公尺的金牌，創下奧運雙冠2連霸的紀錄。

在2屆奧運中勇奪4面金牌，讓北島先生以及其幕後的「北島團隊」倍受世人矚目。我曾聽過一個傳聞：當北島團隊開始採用「只想贏得勝利」的心理學概念作為戰略後，紀錄便更上一層樓。

意即負面想法或是思考「輸」這件事，會妨礙大腦與身體的連結，無法將實力

發揮到極致，因此，參加比賽時，只要想著「贏」就好。雖然從過去的心理學和大腦科學理論來看，會對此方法產生疑問，但是我認為也許這樣做是對的。

運用現有的能力，比「學習新知識」更重要

我與大腦科學家茂木健一郎先生會面時，曾聽他談及大腦的「輸出迴路」（指大腦輸出想法或觀念的途徑）是項重要的研究主題。當時的我立刻想到：「很有道理，這個想法遠比過去大腦科學的研究還要值得期待。」畢竟，大腦的實用性能受制於「輸出迴路」。

實際上，大腦的硬碟容量，遠比我們想像得還要大，問題在於「我們想不起來」，而不是大腦記不住，而這也是決定一個人的能力與考試成績的關鍵。比如說，人類並不會忘記幼兒期的事，記憶並未消失，卻會漸漸想不起來。

不管是運動也好，提升學習、工作的能力也好，如何順利製造出大腦輸出的路徑，就是勝負的關鍵。我們通常只重視知識的「輸入」，但是，從北島先生及其

合作團隊的經驗中，卻發現「正面思考」對結果造成的影響。

如果你對許多事都舉棋不定，不妨就從排除一切負面思考，只思考「成功」開始做起吧！

把目標告訴大家，增加動力

東方社會視「謙虛」為美德，有句話叫「光做不說」，意即不說出口，卻會默默付出。不過，這真的是美德嗎？當我們朝某個目標邁進時，「言出必行」往往比「光做不說」更能發揮力量。

多傳遞「成功」的想法，是勝利的關鍵

輸出中……
輸入中……
Winner!!
大腦的輸出沒問題！

不告訴任何人，悄悄地開始執行而成功，當然很厲害。可是，當事情進展不順利時，往往會偷偷放棄。北島先生腦中只想著要贏得比賽，並對大眾媒體宣稱要奪得金牌，最後在連續2屆的奧運中，贏得4面金牌。

職場上也是如此，先把目標說出來，相信自己會成功並全力以赴，這是最簡單又有效的方法。**話語中潛藏一股稱為「言靈」（註）的力量，把話說出來，可以增強自己的動力。**當意志力快要崩潰時，一想到話已說出口，也會再加把勁。

更何況，身邊的人已經知道你想做的事，也會支持你，提供協助。當然，有時候這也是一種壓力，或許招人妒忌、被從中作梗。無論如何，清楚表明想法後，才會有更多人支持你。

註：「言靈」最早出自日文，信者認為在言語中，有一股不可輕視的力量，誓言或詛咒為其行使的例子。

我之所以能實現當導演拍電影的夢想，大概也是因為平時總是把「好想拍電影」掛在嘴邊吧！而我身邊的眾多朋友，也都義不容辭的大力相助。

把目標化成語言後說出來，讓別人知道你的願望，以便獲得更多力量。拍完一部電影之後，許多朋友也會針對電影，提供我寶貴的意見。所以，「言出必行」背後，蘊藏無窮的機會。

單打獨鬥的成功，撐不了太久

適時借助他人的力量，別把所有事攬下來

我認識的業務員中，有兩個性格南轅北轍的人。A是一個嬌生慣養的人，話雖如此，他卻突破難關，成功進入熱門企業工作，不但能力強，而且從一流大學畢業，人脈很廣。

另一方面，B也是從一流大學畢業，是典型認真、固執的好青年，就算突然被分配接手別人半途丟下的工作，也毫無怨言地完成任務，是個完美主義者。

兩人待在同一個銷售部門工作，也同樣進公司3年。現在，他們兩人的工作情況如何呢？按常理，大家應該會覺得認真勤懇的B，一定能夠一展長才吧？然而，事實並非如此。

A接二連三地接到大案子，並深得客戶方的董事喜愛，破格提拔他擔任大型企

畫案的負責人。另一方面，B熱心工作，每天加班到很晚，但是努力並沒有獲得相應的成果。他的上司對他下了一句評語，那就是「真為他感到難過，他的努力並沒有帶來成果」。

為什麼會這樣？原因就在於「A很懂得借助他人的力量，B則不靠別人，想要自己解決。」這樣的差異就是決定一個業務員能否成功的關鍵。

不要老是單打獨鬥，偶爾也要借助別人的力量

當工作進展不如預期，或可能有麻煩時，A就會馬上找人幫忙。拜託同部門的前輩，或是請其他部門的朋友介紹能提供協助的人。只要嘗試後失敗，就會立刻判斷自己做不來，求助於他人。

而且，據說他拜託的方式很討人喜歡。大概是他原本就善於撒嬌吧！受到請託的人，儘管嘴上罵著：「真是的！已經不是新人了，這點小事都沒辦法自己搞定，你實在稱不上是職場老手。」還是會盡全力幫忙他。

另一方面，B非常賣力工作，賣力到旁人看了會擔心的地步。就算看到他工作遇到障礙，打算出手相助時，他也會以「不用！前輩自己也很忙，不能給您添麻煩。這是我的工作，我會自己解決。」鄭重地婉拒，有如好學生般的標準回答。

不過，優秀歸優秀，畢竟進入公司才3年，有很多事不會做，又缺乏人脈；明明可以放寬心請教身邊的同事，但是他卻不這麼做。因此問題完全沒有解決，無法完成工作，就這樣過了3年。

A有越來越多可以依靠的前輩和疼愛他的客戶，這些都是他人脈，並且越拓越廣。不但如此，與公司無關的求學時代友人、學長及愛好相同的朋友等，工作上有需要借助對方的力量時，他都會向他們請益。因此，他的人脈不斷往外延伸。

反觀B，試圖靠一己之力完成所有的工作，不斷努力，效率卻沒有提升。每晚留在公司加班到深夜，身心俱疲，假日也只是補眠一整天。不僅工作不如意，也沒時間與人互動；再這樣下去，恐怕幾年後，B的健康就會亮起紅燈。

「努力」確實會令人讚賞，但是很多時候，借助別人的力量，就能獲得數倍的

適時「依賴」，讓對方幫助自己

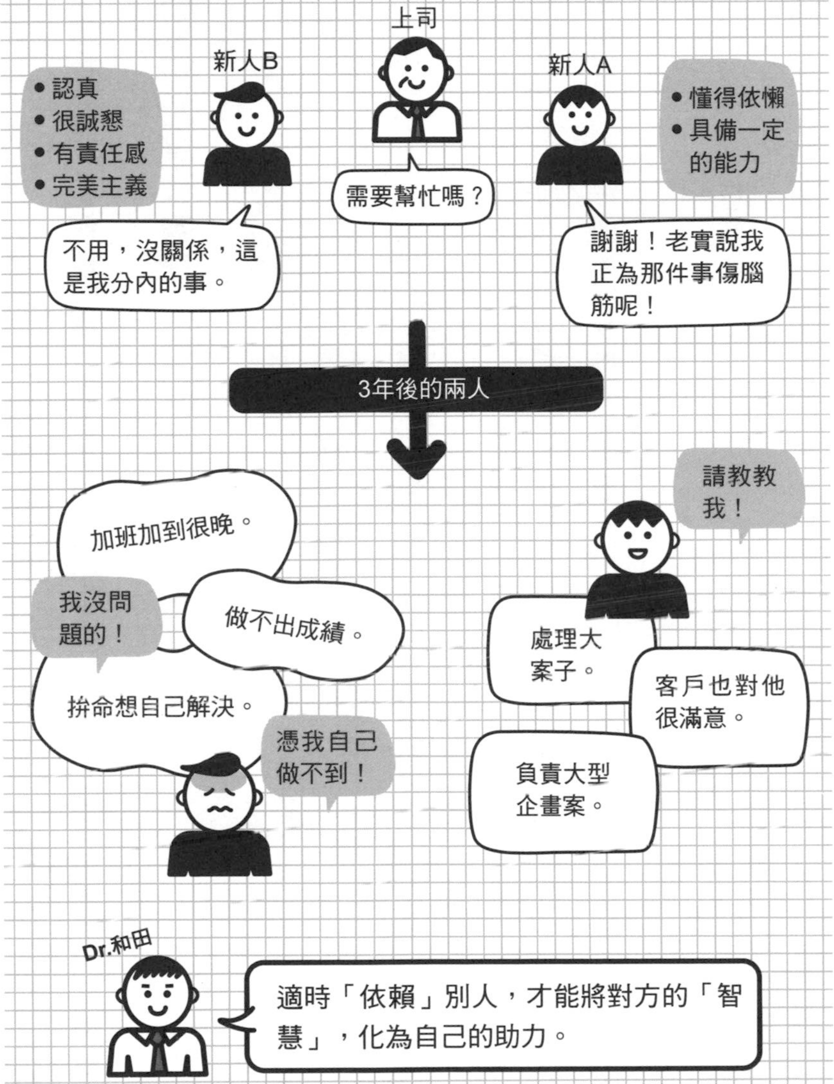

成果。不要一個人努力追求完美，**了解自己能力的極限，思考在能力不足時，如何才能讓事情圓滿，能夠做到這一點，才是心理學上「成熟」與「能力強」的表現。**

放低身段請求幫忙，是成功的必要條件

三枝成彰先生是日本代表性的音樂家之一，從歌劇到電影配樂，他的創作遍及各個領域，舉世聞名。除了日本之外，他也常接到海外的工作邀約。由於極度繁忙，連工作也不得不做取捨，但是，據說三枝先生對於電影導演相米慎二先生的請託，怎樣也推辭不掉。

三枝先生為相米先生做過許多電影的配樂，當然，他是因為欣賞相米先生的才華，才會接受請託，但是據說每次都嚴重虧損。即使如此，下次相米先生再來拜託時，他還是無法推辭。

按照三枝先生的說法，相米先生是個「求人專家」。一旦敲定電影的企畫，他馬上來找三枝先生幫忙做音樂。此時他總會說：「雖然預算只有5萬元，但我無論

如何都想請三枝先生幫忙，拜託！」

他善於打悲情牌、嘴巴很甜，一副打從心底完全依賴三枝先生的樣子，讓人無法推辭。到頭來，三枝先生明知會嚴重虧本，還是在百忙之中抽空創作音樂。不過，因為這種高明的「哀求術」，才能以有限的預算，製作出一流的電影。

不管是拍電影或職場，不可能凡事順遂。如果卡在某個環節，苦苦哀求依然不能打動對方，事情就不會有所進展。一開始便獨立自主的人，不可能創業成功。**因此，越善於依賴別人，創業成功的可能性越高。不論是經營者或上班族，需要幫助時懂得求助他人，是成功的必要條件之一。**

別再說：「如果當初……就好。」

猶豫不決、想太多，永遠無法跨出第一步

因為顧慮太多而裹足不前的人，大多會在事情結束後，繼續東想西想。雖然明白自己應該當機立斷，不過，若是感到遺憾就要傾注全力，再次付諸行動。

不過，實際上的行為卻常常背道而馳，後悔時才說：「**如果那時能再多說幾句，把我的心意傳達出來就好了。**」、「**也許再深入一點，結果就會大不相同。**」

如果更直截了地當將心意告訴單戀的對象，說不定就能兩情相悅，結成連理；如果沒在某個環節上退讓，再多為公司的產品美言幾句，或許就能簽下一筆大訂單。如果把給客戶看的簡報做得更吸引人些，說不定就能大獲成功。

這些事情，確實都「有可能」發生，不過既然結局已定，就別再想東想西。

再棒的企劃案，只思考不提案，也沒用

假如你想到一個與工作有關的好點子，覺得一定行得通，上司也會立刻批准執行。要實現這個想法，就得先製作企劃書，向上司提案，或是提到部門會議上討論；一定要有所行動之後，才會展開下一步。此時需要的是「速度」，先說出來非常有效，先向上司預告：「**我有個企劃案，希望能獲您採用，我會先提出書面計畫請您過目！**」

這樣一來，便讓自己無路可退，完成那天的例行公事後，你大概會繼續留在公司，一鼓作氣地把企劃書寫完吧！然後，隔天早上再向上司提出。不管結果如何，上司都會對你的行動力留下深刻且正面的印象。

反之，如果沒有將你的點子說出來，會是什麼情況呢？你決定在告訴上司之前，先寫出企劃書。雖然腦中浮現許多構思，但是當天的工作卻讓你忙翻天，根本無法專心思考，於是不得不往後延。

先說出口，才有行動力

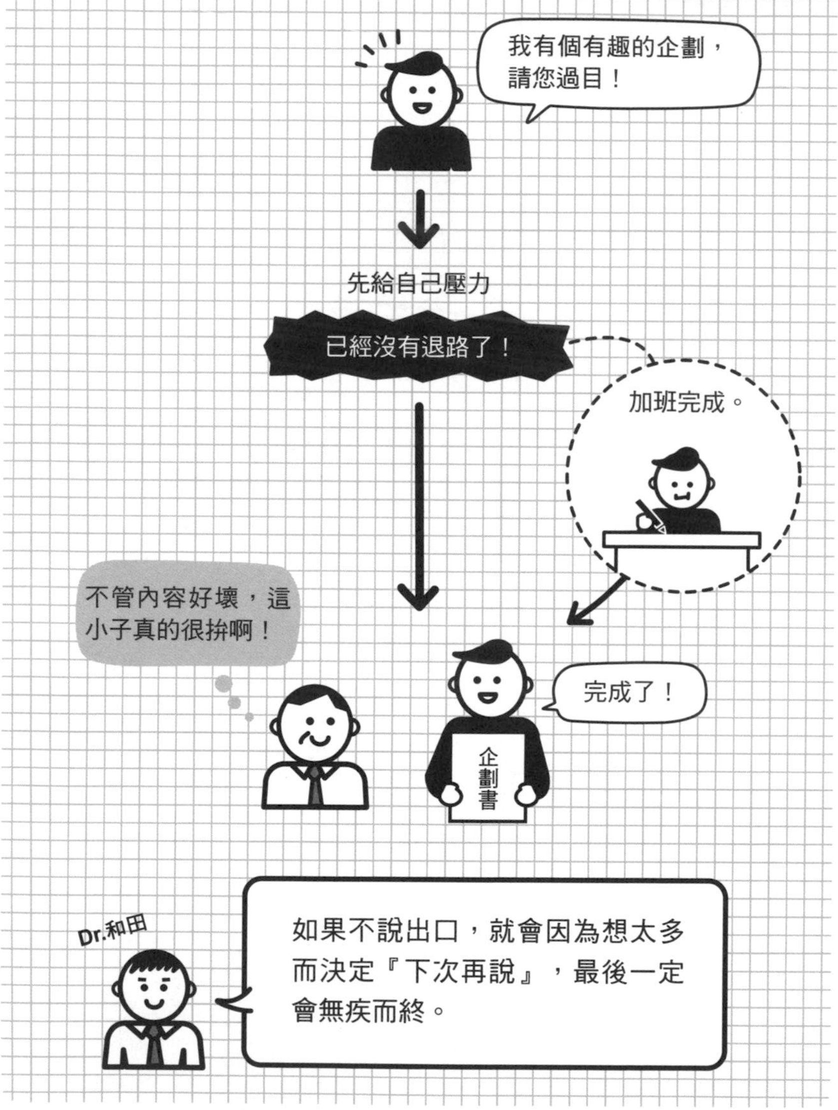
我有個有趣的企劃，
請您過目！
先給自己壓力
已經沒有退路了！
加班完成。
不管內容好壞，這
小子真的很拚啊！
完成了！
企劃書
Dr.和田
如果不說出口，就會因為想太多
而決定『下次再說』，最後一定
會無疾而終。

因為還沒告訴上司，所以不必著急。要是連份內的工作都沒做好，別說是過目了，還可能會挨上司一頓臭罵。所以，首要之務就是把現在的工作做完。

在思考的過程中，你漸漸對自己的想法失去信心；一開始明明覺得點子很棒，但是反覆思考後，慢慢發現種種不足之處，轉而擔心會有風險。

猶豫不決的過程中，漸漸覺得與其積極想有一番作為，不如專心做好被交付的工作。最後沒有展開任何行動就告終，而反覆思考也讓你覺得很累，可是上司卻什麼也不知道。

明明知道提出很多企劃案的人，容易給人「很能幹」的印象，至少會讓人覺得很有企圖心——你是否也有這樣的經驗呢？**想到好點子就說出來吧！推自己一把，才能抓住成功的契機。**

90%有成就的人，都很會說「拜託你⋯⋯」

透過集思廣益，讓事情有所進展

許多人以為，創業或事業成功的人，雖然擁有人脈，卻多為「獨行俠」。有一位來聽我講課的年輕人這樣問我：「像我這種只有一個人，就什麼事都做不了的人，難道就只能一輩子當個不受重用的小職員嗎？如何改變這樣的人生呢？」

其實，這種想法大錯特錯。若是天才藝術家或許有可能，但是在一般社會中，孤傲的人往往一事無成。人生在世，無時無刻都與「人」息息相關，必須相互扶持。創業或事業成功的人，雖然工作人脈廣，但是私底下頑皮、愛撒嬌的人，卻出乎意料地多；甚至，80%～90%的成功人士，都非常善於「拜託」。

反之，不善於「拜託」的人，會與「成功」漸行漸遠，這種例子比比皆是。因為顧慮太多而裹足不前的人，多半都屬於這種性格。我並不是說這種人的能力差、或有任何貶損之意，只是因為他們太顧及別人的感受，即使很想說出：「可以幫個忙嗎？」卻怕給人添麻煩。

「既然我做不到，那就請別人幫忙吧！」若能這樣想，就容易行動多了。更何況，**有時候自己認為很困難的事，對別人來說易如反掌。就算別人幫不上忙，或許也能為你找出解決問題的線索**；只要這麼做，事情多半會有所進展。

學會與人共享煩惱，不要總是自己承受

假如你認為自己屬於沒辦法開口求人的類型，那麼奉我勸你從此刻起，努力做個「拜託」高手。其實並不難，請從小事開始，試著說出口。「今天要不要一起吃午餐？」、「這件事真是難倒我了！如果你有好點子，可以告訴我嗎？」

「獨行俠」必須自己決定所有的事情，也許看似很有行動力，但是，如果身邊沒有朋友，就表示被敵人環伺了！

成功絕非偶然，失敗、挫折都是過程

人類必須依賴彼此，才有辦法行動，一個人什麼事也做不了，這是我經歷失敗後才明白的道理。幾年前，我如願當上電影導演，完成我的處女作；其實，這原本是我學生時代就想實現的夢想，當時的我認為，雖然沒有那麼多資金足以拍攝電影，但若是16釐米的微電影，用少少的預算還能辦到。

當時，我兼好幾份工作，以學生來說收入頗豐。我打算拿兼差的所得當作

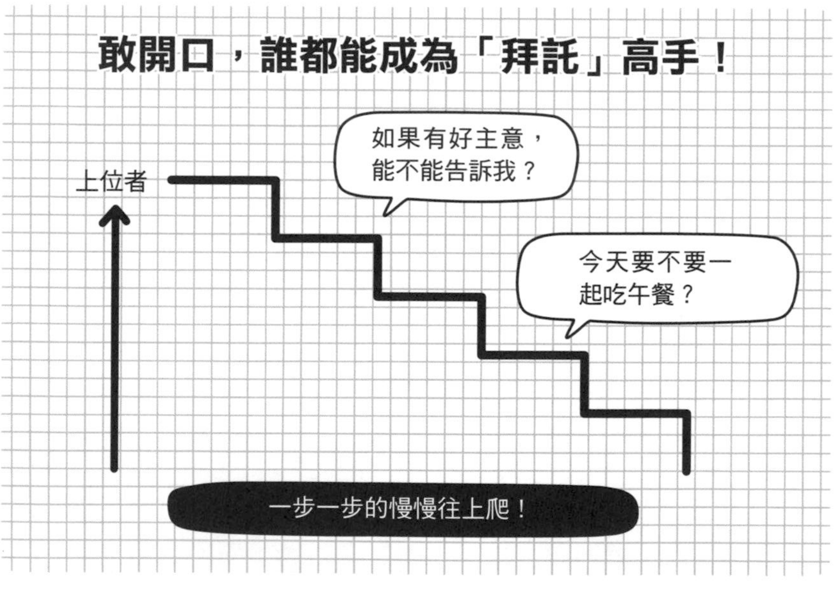

敢開口，誰都能成為「拜託」高手！
如果有好主意，
能不能告訴我？
上位者
今天要不要一
起吃午餐？
一步一步的慢慢往上爬！

資金，拍攝16釐米的電影，若能拍出一定的成績，就能吸引電影公司的注意，之後或許能當上專業的電影導演。於是，我立即開始行動。

由於每次拍攝都要租借16釐米攝影機等器材，非常麻煩，因此我打算購買二手器材。不過，我把事情想得太簡單了。如果租借器材，每延長拍攝一天，就要多花費數萬元，若能自備器材，就不必付額外的費用。於是底片越拍越多，拍攝天數一再延長，結果底片費用逐漸增加，又因為工作檔期的關係，演員們也紛紛辭演；最後，電影拍攝只能停擺，我也經歷了大挫敗。

挫折的我將情況告訴借我戲服的服裝公司社長，對他發牢騷。結果，他指出我的事前計畫一場糊塗，「照這樣下去，你大概一輩子也拍不成電影，先到事前計畫完善的片場去學習吧！」於是，他讓我在他的公司跑腿，並介紹我到片場打工。

雖然我沒能順利地當上導演，不過這次失敗所學到的經驗，對我日後拍電影卻有很大的幫助。因為我已經知道怎麼拍電影才會成功，再說，拍攝電影時，助我一臂之力的劇作家、作家、音樂家等人脈，也是我過去從事各種文化活動時建立的，因為有他們的協助，我才能實現夢想。

我由衷體會到，**失敗的時候，有人可以哭訴、指出自己失敗的原因，重新振作後，就能義無反顧地採取行動。**不論工作或戀愛，沒有人永遠是贏家。因為遭遇失敗而體會「成功絕非偶然」，明白坦然向人求助的道理，是人生中最重要的一課。

Part 4

習慣4

不做計畫

——計畫永遠趕不上變化，學會「變通」，
是成功的捷徑。

與其胡思亂想，不如把握當下

不去想如何照計畫，盡可能先做再說

很多人因為想太多而漸漸感到迷惘、不安，最後無法行動，甚至因此失去自信，更加猶豫不決。其實，解決這種困境非常簡單，只要「什麼都別想」就好了。

我並不是要大家放棄思考，而是別再想那些無能為力的事情。在還沒開始做之前，光用腦袋想，一切都只是空談而已，事情要做了之後才會知道問題。既然這樣，不如先踏出一步比較快。

現在，我要為各位介紹「與其思考，不如先行動」的具體內涵。

就算只有1分鐘的空檔，也別放過

我的工作十分多樣化，我是醫生，也是大學教授——這是我固定的工作。其他還有像是演講、寫作等非固定性質的工作。若這些工作都各自有完整、充分的時間來進行當然最好，不過不太可能。於是，我將時間切割成許多段來利用，我不會思考如何「照計畫進行」，而是盡可能「先做再說」。

比方說，為了準備演講，我必須先閱讀一些資料，就算抓緊時間閱讀，大概也需要2～3小時。如果剛好要去出差，我就會在車上閱讀。不過大多時候，不可能剛好有一段完整的時間，因此，不如利用零碎的時間，分批閱讀。

若以閱讀一般文字書的速度估算，閱讀一頁應該只需要1分鐘。一個主題多半有2～3頁，因此，只要2分多鐘就可以讀完一個段落。因此，我經常隨身攜帶要閱讀的資料，只要有空檔，就讀個幾頁。**坐在車上、等人、餐點送上來之前等，一天中像這樣沒事做的零碎時間，多到令人驚訝，只要找出來，就能善加利用。**

這個方法也可以用於「讀書」，非常適合正在準備考試的人；以讀考古題來說，1分鐘內就可以看完1題，善加利用每分鐘，就會越來越有行動力。最重要的是「開始做」，別在意有多少時間。一旦開始做之後，就會跑出許多可以運用的時段，更加促使我們主動找出能用的時間。

別一直緬懷過去，請向前看

不過，猶豫不決的人多半還有一個問題，就是即使好不容易跨出第一步，還是很容易再退回原點。

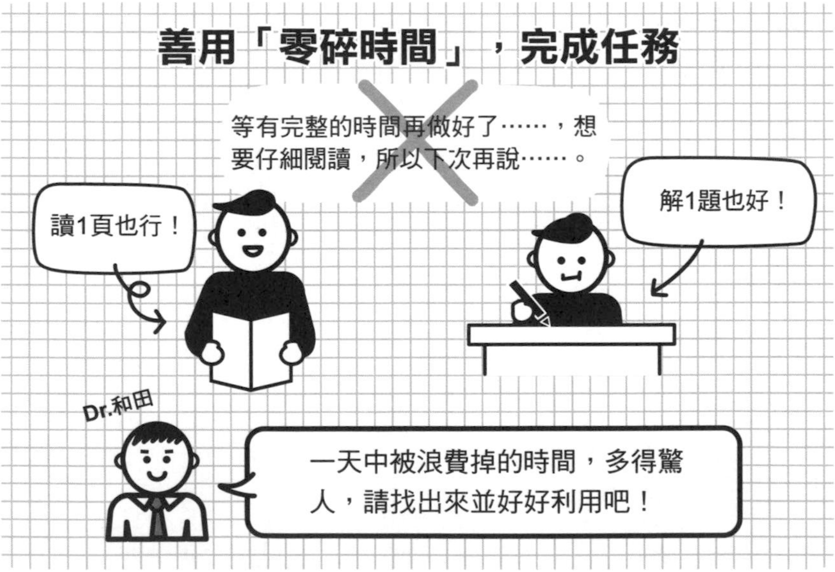
善用「零碎時間」，完成任務
等有完整的時間再做好了……，想要仔細閱讀，所以下次再說……。
讀1頁也行！
解1題也好！
Dr.和田
一天中被浪費掉的時間，多得驚人，請找出來並好好利用吧！

即使動作慢，邁出第一步之後，只要不停下來就會進步。不過，如果每往前一步就不斷思考，準備邁出下一步時，便會懷念過去而回頭；明明只要把握每分鐘，快速讀下去就好，卻頻頻在意時間是否足夠，或擔心有讀沒有懂，動不動就翻回前面重讀——這才是問題。

與其擔心有所遺漏，而一直記掛過去，不如放眼未來。就算前一天真的有所遺漏，也不必懊悔、煩憂。只要今天有做就好，就算沒做好，也還有明天。

因為目標很遠大，所以絕不能輕易受挫，只要付出努力，成果就不會是「零」。也就是說，若預計做到「10」，還剩一半時，就是已經完成「5」了。

目標只完成一半時，也要誇獎自己

越認真的人目標越高，對自我的期待多一點，就能激勵自己，發揮更大的力量。若能藉由不斷達成較高的目標，提升自己的表現，當然再好不過。但是實際上，不可能如此稱心如意；倘若因此心灰意冷，也許會前功盡棄。有時候做事情的效率很高，卻也難免有無法盡如己意的情況，這是理所當然的事。

所以，就算暫時沒有成果，也不必氣餒。更重要的是，**當你做出一點成績時，就要誇獎自己，如此一來，你就會覺得每天都過得很充實，反覆這麼做，表現也會越來越出色。**

此外，為自己設定較高的目標，還有另一個意義，即「並非做不到，而是這麼高的目標，能夠完成一半就已經很厲害了！這樣的工作量，對一般人來說已經及格。」不妨這樣想吧！別總認為自己「沒做到」，請檢視已經完成的部分，多肯定自己的能力吧！

「活用」老前輩的經驗，才叫聰明

參考別人的做法，幫自己加分

思考太多會無法行動，所以要「一邊做、一邊思考」。雖然這是稀鬆平常的道理，但是，許多事還是要經歷之後才能體會。假如你進入一間公司工作，屬於銷售部，受訓後，你將「銷售指南」死背起來，很幸運地，你也遇到對部下照顧有加的直屬上司和前輩，獲得許多建議。於是，你照著別人的教導去做，結果卻不理想；那麼，你是否該放棄「銷售指南」呢？錯，我建議你，學習「活用」指南。

別人的經驗不要完全捨棄，活用就能提升效率

如果可以自己安排做事的程序，當然最好，不過，要是出現許多不習慣或不明

白之處，不妨先依照既有的做法去執行。若有覺得不必要的程序就刪減，改為讓自己更方便的做法即可。

現今的時代，已經沒有絕對必須遵行的工作準則，再也不必受制於白紙黑字。對於既有的工作指南，雖然不必完全遵照，不過若有原則可以依循，絕對比較輕鬆。

明明已擬定好計畫才開始做，工作進展總是不如己意，你的問題在於「忽視前人的工作指南」。「想用自己想到的新方法，做出更好的成績。」、「如果是我，一定能找出更有效率的方

「工作指南」一定有可用之處

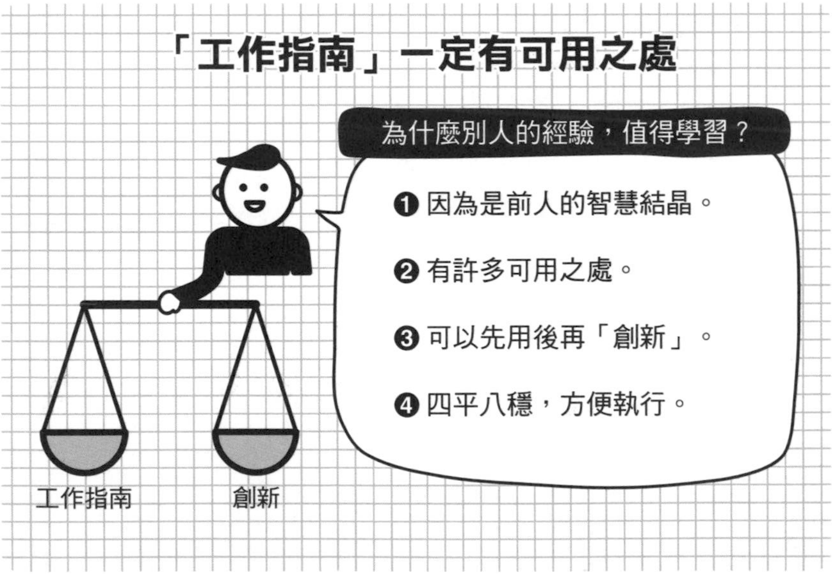

為什麼別人的經驗，值得學習？
❶ 因為是前人的智慧結晶。
❷ 有許多可用之處。
❸ 可以先用後再「創新」。
❹ 四平八穩，方便執行。
工作指南
創新

法。」這種想法固然沒錯，但是實際執行時，最好有可參考的基本方針。**工作指南中，包含許多前人的智慧，用過後再改善並創新，設計為自己的方法最好。**

配合對方的個性，改變說法

對精神科醫師來說，「心理諮商」是很重要的治療之一，但是，曾有人問我，病患有百百種，如何才能理解對方，使他願意配合諮商，改善心理狀況呢？答案很簡單。仔細觀察對方的反應，同時使用各種手法。

比方說，稍微談過後，就能知道對方的個性。也許他很疑神疑鬼、內心孤寂、虛張聲勢，以此掩飾自己的缺乏自信；那麼，就要因應對方的個性，改變說話和提問的方式。

要是對方對於我出自善意的發言「雞蛋裡挑骨頭」，那就改變說法。只要發現無法用道理說服對方，就要隨機應變，改用其他手法。能夠毫不遲疑地做到這點，才稱得上是優秀的精神科醫師或心理治療專家。

比起聰明、努力，改變自己更重要

只要是精神科醫師，都必須學習佛洛依德、榮格、羅哲斯等諸多前人的理論和手法。不過，優秀的精神科醫師都不會盲從這些理論與手法。如果拘泥於佛洛依德的理論，無視病患，將會產生矛盾，甚至出現病患生氣或狀況惡化的情形。此時，諮商師就要因應患者，改變治療方式，絕不能拘泥於理論或學派。

不要成為前人的信徒，而是參考各種模式，多方嘗試、微調，找出最適合的做法，這點非常重要。相反地，做法僵化、一成不變最不可取。

失敗不是壞事，但是一定要改進。能從失敗中學習，嘗試新做法的人，將離成功越來越近。**比起聰明和用功程度，能夠改變自己才是成功的關鍵。**

變化才是人生常態，不用大驚小怪

就算臨時有狀況，懂得變通就能解決

不管是工作指南、計畫還是日程表，有總比沒有好。如果想到什麼就做什麼，容易缺乏一貫性，最後易讓行動支離破碎。不過，也不是非得完全按照計畫執行不可。我的每一天也都是從訂出日程表之後開始的，但是，一旦開始之後，便很難預料晚上就寢前會發生什麼變化。

原本預定兩小時的對談，越聊越起勁，便多聊了一個小時。與朋友聚餐，中途接到共同友人的電話，於是用餐後又前往酒吧會合，不管是時間、地點，隨時都在改變。

計畫一定會改變，學會變通就好

但是，我十分享受這些意料之外的邂逅，或是臨時插進的活動；人際關係與工作，也常因此而拓展。但是，習慣凡事按照計畫進行的人，會對突如其來的改變感到心煩意亂。一旦超出預定時間，立刻著急起來、陷入驚慌，認為之後的工作和計畫八成都會被打亂，陷入一種絕望的情緒中。於是心裡越來越著急，使效率變差，最後更不可能照計畫進行。

首先，我們應該要說服自己，「計畫一定會變動」。越認真的人，對事物的理解越不知變通。計畫一旦生變，就不可能像當初設想的那樣完美；認為自己會失敗，再加上受到不安感的驅使，判斷力也會變遲鈍。

不過，**「計畫」畢竟只是行事的依據，有80%～90%的機率會改變，只要凡事順其自然，就有辦法解決。**「就算擬定周密的日程表，依然很難按照預定計畫行動，要是出現突發狀況，就更無法行動。」若是感到不安，請立刻捨棄日程表。因為，被自己擬定的日程表壓垮，是最愚蠢的事。

擬定日程表並非用來綁住自己，更不需要按表操課，若不能擁有這種想法，就不要將日程表做為行事依據。

事前要多收集資訊，便能應付突發狀況

我除了每3個月就到美國進修之外，平常也經常出國。逛街、品嚐美食、尋找美酒，都是我的興趣；所以，一有機會出國，我就會嘗試各種新鮮的事物。

因此，我會在出發前，收集各種資訊，列出想要拜訪的餐廳、酒窖、釀酒廠，或是觀光勝地，調查交通路線等。如此一來，只要一有空閒時間，就能有效利用；可以立即前往嚮往已久的餐廳、品嚐美酒，或遊覽觀光。

我到法國旅行時，原定白天要留在巴黎處理正事，不料突然取消了；此時，我最想拜訪慕名已久的凡爾賽宮，可是它距離巴黎很遠，我真的能去嗎？

因此，事前就要調查好凡爾賽宮的交通路線，像是從巴黎去要花多少時間？需

要多少時間參觀？如果擁有這些資訊，就能馬上知道「現在的時間」是否足夠。

行程表只需要大略安排就好，更重要的是，在計畫生變時，能否迅速產生替代方案，這也是成功者與一般人的差距所在。能夠隨機應變的人，每一天都有許多機會。經歷各種體驗、認識新朋友，活動範圍逐漸擴大，具有行動力。反之，越認真、死腦筋的人，越討厭變化。

不如就從今天起，努力成為一個不修邊幅、大而化之的人吧！當資訊越來越多時，或許會覺得混亂，卻也能展示出你想「好好利用」的企圖心。掌握越多資訊，籌碼就越多，距離「成功」也越近。

Part 5

習慣5

一定要休假

——休息是為了走更長遠的路，

充電後人會更有幹勁，朝目標邁進。

每天留足8小時給自己，好好睡

熬夜、加班對身體沒好處，只會越拚越累

「和田先生到底什麼時候休假呢？」常有人問我這樣的問題。看診、演講、寫作、教書等，我每天要做好幾種工作，讓許多朋友擔心我是否連睡覺的時間都沒有。不過，其實我都睡得很飽，每天一定會睡1小時的午覺，再加上晚飯後的睡眠，我每天都有8小時的睡眠時間。

人在疲憊時，是無法從事新事物的，就算已經非常上手，也無法提高效率。唯有充分休息才能把工作做好，這是我的原則。因此，我會為了休假而拚命工作，先做好時間規畫，確保睡眠時間。

「睡眠」不足，工作表現也不佳

1天只有24小時，每個人都一樣。「因為有許多想做的事，只好減少睡眠時間」，這種想法的思慮並不周全。因為忍住睡意，在疲憊的狀態下工作，效率也不會高。原本在精神好時，1小時就能做完的事，現在卻得花2、3小時，到頭來只是浪費時間而已。

日本名導演黑澤明先生的片場，基本上從來不加班。身為曠日持久才能完成一部電影的大師，黑澤明先生認為，如果工作人員和演員沒有足夠的休息，就拍不出好電影，即使曾經延長拍攝天數，卻從不曾延長每天的拍攝時間。

總而言之，對於提升工作品質來說，「休息」十分重要。我拍電影時，也是運用辛苦學來的經驗，做好事前準備，幾乎每天準時收工。我認為，就算延長拍攝時間，也無法提升效率。

假如你為了前途著想，想考取某項證照；卻因為白天要上班，於是大幅減少睡眠時間來唸書。心想考取之後，想睡多久都可以，這段時間就先拚一下。

這樣真的能考上嗎？不論資格考試或升學考試，不合理地削減睡眠時間，讀書一定會沒效率。人類記憶新事物時，會先將之暫存於大腦的「海馬體」，然後再傳送到大腦皮質形成「記憶」。大腦科學的研究也證實，「睡眠」對於穩固記憶非常有幫助。

換句話說，就算讀再多書，如果睡眠不足，這些資訊都無法存在大腦裡。更何況，在精神不濟的狀態下，大腦和身體都無法發揮原有的功能，使效率下滑。因此，**提升清醒時的效率，比減少睡眠、多花1、2小時，更能夠有好的工作表現。**

每天睡8小時，學習效率最高

即使很忙碌，我每天都會留8小時的睡眠時間給自己。尤其是要挑戰新工作、學習未知領域時，先徹底休息，讓大腦和身體都充滿活力後，再開始學習，才是事半功倍的作法。

正在猶豫是否要向單戀的對象表白的人，我也建議你先好好休息，等到疲勞消除之後再表白。拖著疲憊的身軀，不管是工作或戀愛，成功率都很低。因為在得不到預期反應的情況下，會變得很沒魄力，無法理解對方的表情，或明顯露出疲態，看起來完全不具魅力。

一旦工作、戀愛不順利，就須先思考，到底是哪個環節出了問題，再嘗試其他方法。為了保有面對挫折所需的體力，充分休息、養精蓄銳十分重要。

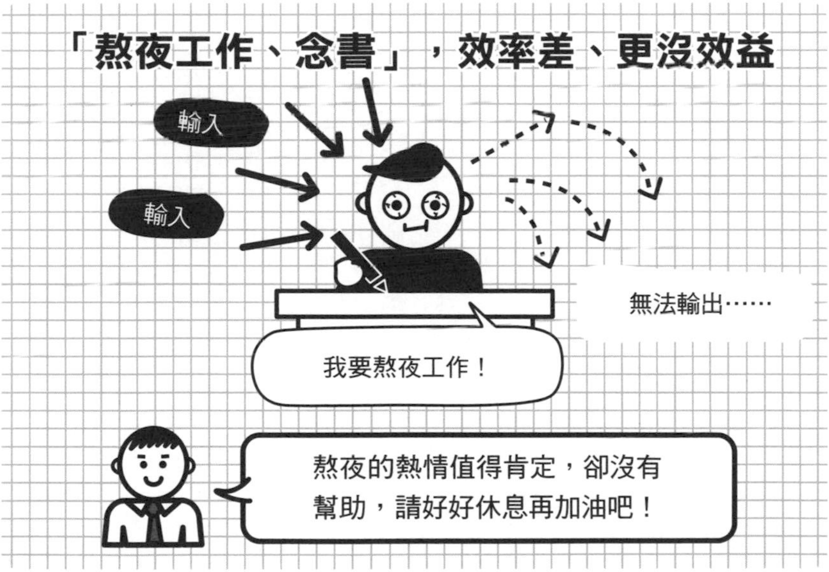
「熬夜工作、念書」，效率差、更沒效益
輸入
輸入
無法輸出……
我要熬夜工作！
熬夜的熱情值得肯定，卻沒有幫助，請好好休息再加油吧！

累了就要休息，運動、旅行都能趕走憂鬱

前途一片光明的職場菁英們，有時也會突然脫離軌道。身為企業戰士，卻突然失去拚勁，過去宛如只是虛幻一場，儘管當事人也很想努力，工作效率卻仍然一落千丈。其實，這極可能是類似於「憂鬱症」的某種心理疾病症狀。

在病情惡化之前，應該會察覺身上出現的異常狀況。不過，當你總是被壓力籠罩，就會對身體的「不適感」漸漸習以為常。更何況，精神過度緊繃時，身體甚至會喪失發出警訊的能力。

曾經有過這類案例：雖然累積許多疲勞，卻很少感冒。可是一旦生病，發現時就已經是重症。所以，請在造成悲劇前好好休息，時時掌握自己的身心狀況。

「行動力」是一個指標，**明明有想做、非做不可的事，卻遲遲無法付諸行動；行動比以前緩慢，此時就應懷疑自己已太過疲憊，請務必找時間休息。**長期睡眠不足的人，要多找時間睡覺。以上班族來說，接待或與上司、同事的交際應酬，常常

必須熬夜，此時，不妨在中午睡午覺；如果在公司睡不著，可以到室外的空間，如圖書館、咖啡廳等地方休息。

此外，能夠消除疲勞的休息，不一定只有「睡眠」。**心理上的疲憊，有時候需要靠「活動身體」來消除。從事喜歡的運動、旅行，多留意自己的狀況，早點休息，一定能讓自己更有行動力。**

不過，如果很容易「失眠」，身體明明很累卻睡不著，可能是因為交感神經過度興奮；晚上醒來好幾次，或是清晨醒來後就睡不著，極可能是憂鬱症的徵兆。無法自覺疲勞的人反而更危險，感覺疲累時，一定要休息；如果怎樣都沒辦法好好休息，最好詢問醫師，進行治療。

人生以「玩樂」優先，之後再努力工作

安排「令人期待」的假日，工作會更認真

也許你沒有察覺，當我們容易猶豫時，其實是因為太累了，才會無法採取行動；因為沒有好好休息，才使行動力降低——這種情況出乎意料地多。所以，工作之餘，不妨安排定期的「玩樂時間」。想太多的人，比較容易疲累；有些人甚至會假想一些不可能發生的事情，思慮過於周密，以至於在行動前，就已筋疲力竭。

對於這種人，我要推薦我的「和田式時間管理法」給他們。我在安排日程表時，一定會先排定工作、讀書以外的事。先把睡眠、休息時間排進去，接下來再填入嗜好或想做的事情，滿足自己的計畫。

先把玩的時間空出來，其他時間認真做事

這是我從高中時代延續至今的時間管理法。當時，對高三的我來說，最重要的事情就是考大學；我認為如果沒考上大學，拍電影的夢想就會延後實現，所以我無論如何都想一次就考取。為了通過考試，最重要的就是必須確保念書時間。

然而，當時的我卻以「看電影」為第一要務，平日從早到傍晚都在學校上課，連星期六早上也要上學。當時不像現在一樣，可以在家裡看DVD，想要看電影就一定得到電影院。因此，我把星期六下午定為「看電影」時間，並寫進記事本裡。

這樣一來，空下來的時間就只剩下平日晚上與星期日。由於「看電影」是我最大的樂趣，所以我只能利用剩餘的時間來應付最大的課題——「考試」。

當然，如果沒考上，我的努力就白費了，因此，我必須用功唸書，才能通過考試。只要這樣想，我就充滿幹勁，努力提高讀書效率，在短時間內吸收足以通過考試的知識。

此外，我還在讀書方法上下工夫。可能因為考試在即，每週還花半天的時間看電影，原本就很貪心，導致我對於「身為考生卻還在玩樂」這樣的行為，多少有些內疚。於是，我星期天絕對不看電視，認真唸書；往返電影院的途中，也會利用空檔解考古題。結果，我考上第一志願。

唸書、工作不是生活的全部，會玩的人才會成功

仔細想來，像「看電影」這種程度的浪費時間，幾乎所有考生都曾做過。至今我依然相信，因為去看電影而減少其他時

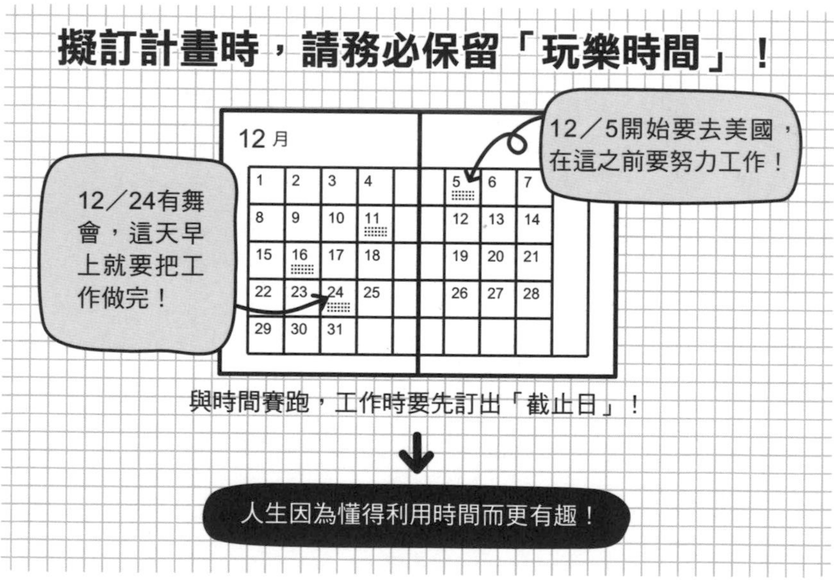
擬訂計畫時，請務必保留「玩樂時間」！
12月
12／5開始要去美國，在這之前要努力工作！
12／24有舞會，這天早上就要把工作做完！
1 2 3 4 5 6 7
8 9 10 11 12 13 14
15 16 17 18 19 20 21
22 23 24 25 26 27 28
29 30 31
與時間賽跑，工作時要先訂出「截止日」！
人生因為懂得利用時間而更有趣！

間的浪費，就是我成功的秘訣。

數十年過後，我依然會將自己喜歡做的事與玩樂計畫先寫進記事本裡；**以玩樂為優先，同時也有條不紊地做好工作，有效率地在剩餘時間內努力。**日積月累下，我不但更懂得如何善用時間，也能夠在感到疲憊前先好好休息。

將願望依序排列，優先做「想做的事」

工作與愛情，你比較重視哪一個？有人願意為了事業而與情人分手，也有人肯為了愛情，毫不在乎地捨棄工作；只要依個人的想法做決定即可。不過，為了守住工作或愛情而逞強，最後失去最珍貴的東西，這種情況真的很不幸。

擁有想要結婚的女朋友之後，便想讓她幸福，因此想在工作上出人頭地，並開始萌生賺大錢的念頭，於是，利用公司的留學制度，到國外知名大學的研究所進修，攻讀MBA。

雖然這段期間與女友分隔兩地，即使孤單，只要想到這是為了兩人的未來著想，便能堅持下去。不過，遠距離戀愛無法持久；幾年後順利取得資格，也累積工作資歷後回國，才發現女朋友已嫁作人婦……。聽起來很可笑，但是這種事情很容易發生。雖然取得資格，也擁有工作資歷，勉強值得安慰，卻難以拭去辛苦努力打拚之後的失落感。

當然，社會沒有這麼簡單。沒有人能夠實現自己所有的願望，更何況時間非常有限；因此，放棄、強忍欲望是無法避免的。不過，我們不必全然放棄，若能定出優先次序，有效率地行動，實現願望便指日可待。

最重要的就是釐清「價值觀」，**「非做不可」的事情固然重要，但是，優先做自己「想做的事」、會讓自己「快樂的事」，更為重要。**讓自己感到愉快的事，我相信不論是誰，都會積極採取行動。

沒排定計畫而盲目努力，一定會落得兩頭空

與其胡思亂想，不如先滿足欲望，讓愉悅的情感帶來療癒效果。弄清楚優先順序，可以讓自己輕鬆地成為快樂又有行動力的人。比如說，你的目的是要讓女朋友幸福，為了達到這個目的，所要採取的手段是「事業成功」，**你就要將「目的」放在「手段」之前。**

不過，最近這種人日益減少；如果「事業成功」是目的，那麼即使因為以事業為優先，而與女朋友分手，也不會太難過。

在沒排出優先次序之前，因為事與願違而悲傷難過，最後常會落得兩頭空。

太在意別人的眼光，累的是自己

為對方著想要適度，請把「我」放在第一位

顧慮太多、對旁人的視線很敏感，很在意別人怎麼看自己、自己說的話是否會被人誤解等，感覺有人會對自己的一舉一動打分數，下意識感到畏懼。這種人就算想展開行動，也會因為別人的眼光而畏縮不前。

如果這種情況一再上演，你恐怕永遠無法採取行動，還會累積越來越多的疲勞感。總是很在意他人眼光的人，常會因為工作沒做好，而更在乎他人的視線，可想而知，「壓力」也會因此不斷累積。

你最應該珍惜的不是別人，而是自己。想得到他人關注，你需要的是良好的工作表現，而不是隨對方的視線行動。一般人對別人的關心度，其實非常低。

體貼別人之餘，也要多為自己著想

假如你正在和某人聊天，不妨用兩側的衣領蓋住領帶，再問問對方是否記得你領帶的顏色和花紋；對方大多不記得，這就是「對他人的事較不關心」的證據。

我們必須轉換觀點，思考要如何看待對方，而不是對方如何看待自己。不過，在意對方的感受，也是一種美德。你對別人的體貼，總有一天，旁人會了解。

如果覺得自己太在意旁人的視線，不妨詢問身邊的人，問問他們對你的了解有多少。如果你的體貼獲得肯定，那就拿出自信，做個能夠輕易化解他人目光的「全新自己」。反之，如果自己勞心勞力的為別人著想，卻得不到好印象，那就想開一點，承認過去的努力徒勞無功，慢慢改變自己。

展現自己有魄力、果斷的一面，比一味體貼別人更重要。

正因每個人都不同，才能激出火花

此外，有一種人不論什麼場合，都會因為感覺自己與他人格格不入，因而懸著一顆心。在宴會或聚會中，懷疑只有自己與現場氣氛不相稱，心裡七上八下；談生意時，也總是擔心自己不小心說出不得體的話。

這種人多半是完美主義者，要求自己工作能力強、說話幽默風趣，還得凡事都有兩把刷子；但是，沒有人是完美的，一旦發現自己不具備這種能耐，就會緊張兮兮。想克服這點，就要先試著坦然接納現在的自己。其實，擔心自己與別人格格不入，多半為自我意識強烈的人。

不要忘記，最重要的人是自己。冷靜地看看現在的自己、接納自己。然後自問自答：「我想做什麼？我想成為什麼樣的人？」**別拿自己跟其他人比較，要讓他人成為自己的力量、幫助成長的助力，就算自己真的格格不入也無所謂。**

說不定「格格不入」就是你的特色，能吸引他人的目光；請說服自己，格格不入並非壞事。事實上，「一樣米養百樣人」，正因為每個人都不同，談話才有意義，人際互動才有趣。

換個角度想，或許就會覺得以前那些令你的神經疲憊不堪的宴會、聚會，其實是學習的好機會，因此而一展長才，最後深受大家歡迎的案例，也十分常見。

❶覺得其他人都在看自己（如前文所述，多數情況並非如此），感覺自己好像格格不入。

❷認為自己必須十全十美，不能只有自己格格不入、與眾不同。

心太累的時候，要請長假「大保養」

沒事做後，會因為「太無聊」而動起來

世界上有許多國家，各有其風俗習慣，文化也大異其趣；但是，每週有1～2天的休假，則舉世皆然。翻開歷史，就算是奴隸，每週至少也有1天休假。

也許，基於人類的經驗法則，不論肉體或精神上，至少週休1日，才能維持工作效率。想要健康、活力充沛地行動，就必須定期且勤勞地保養維護。就像汽車一樣，當引擎持續運轉不休息，就會過熱。

不過，如果太久沒發動，電瓶也會因沒電而發不動。不逞強、適度活動、經常休息，定期仔細檢查，是最好的方法。以我來說，每3個月去美國進修1次，就是我的「大保養」。

因為我不是上班族，所以沒有每週固定1～2天的休假。從事業務工作的人，想必晚上也常需招待客戶、應酬聚會，所以不少人一回到家時，會倒頭就睡。因此，**週末假日從事喜愛的運動、讓身體擁有好好休息的「保養時間」，十分重要。**

我平日的時間很自由，雖然有許多非做不可的工作、也很忙碌，但是只要安排得當，還是有辦法騰出空閒時間。因此，我每天可以睡1小時的午覺，平常晚上照樣看電影、與朋友聚餐，花不少時間玩樂。

心太累時要放長假，徹底休息

就算非常勤於保養身體，「心理」的保養可沒那麼容易。若能擁有可以讓身體恢復元氣的嗜好就太好了，但是，把「工作當成興趣」的人，就算放假在家，也會心繫公事。

一旦累積過多的心理疲勞，健康就會亮紅燈，許多前來心理諮商的人，大多都是因為「心太累」。我曾經為一位狀況很嚴重的30多歲病患做諮商，當時我建議他，請假一星期，隨心所欲地消磨時間，可以去旅行、畫畫、看書，如果什麼都不想做，在家裡睡覺也可以。

結果，他選擇在家度過。一開始，他整天發呆，但是到了假期的後半段，他慢慢開始想要做點事。整理庭院、修理狗屋，不久便開始想要出遊，與太太一起去2天1夜的溫泉遊。現在的他，發揮與以往判若兩人的行動力，精神飽滿地專心投入工作。對有些人來說，「無所事事」也能具有很大的提振效果。

沒事做反而能找回行動力，消除胡思亂想

「森田療法」是源自日本的心理治療法，就是讓住院治療的精神病患，在最初的一週內「無所事事」。「絕對臥床期」是治療的基礎階段，簡單來說，就是藉由一星期的「放空」，讓人體驗不同於以往焦急、不安的心理狀態。

對於工作或外出感到非常不安的人，一旦什麼事都不做，漸漸就不會再胡思亂想，會開始想做些什麼。這樣就能將負面的不安情緒，逐漸轉變為對生命的欲望。

壓力帶來的輕度疲勞，可以採用這種療法。一旦什麼事都不能做，你就會開始想找事做，這就是人性。瞻前顧後、裹足不前的人，如果完全不准他「行動」，他一定會憋不住。若能受到這股「本能」的驅使，向前踏出一步，就太好了。

Part 6

習慣6

習慣失敗，享受失敗

——不要害怕失敗，請抱持「若能贏，就太幸運了！」的想法，好好努力吧！

把失敗當「飯」吃，成功當「加菜」

90%的人，都不是零失敗的「人生勝利組」

不管是工作或讀書，想要進步，就必須時時面對「競爭」。不論是想比同時進公司的同事更早出人頭地，或是為創業、跳槽做準備，首先要面臨的就是要與他人競爭。

只要開始競爭，就只會有「成功」與「失敗」這兩種結果。第一次就順利地考取證照、成立公司，業績蒸蒸日上——這當然是最理想的，但是實際上，這種不知人間疾苦的「人生勝利組」，實在非常少。

多數人的經驗都是「失敗」，我們不需要因為失敗而氣餒。失敗能讓我們記取教訓、再接再厲；若能反覆這麼做，總有一天會成功。

不過，許多人選擇「放棄挑戰」，不想繼續挑戰、不想與人一決勝負；要知道，**一旦選擇放棄，你就永遠不會成功**。就算一直失敗，只要肯接受挑戰、競爭，可能就會有令人意想不到的機會，反敗為勝。

9次失敗，才有第10次成功

有些人把考試失利化為用功讀書的動力，挑戰入學考，最後順利考取東大。我的同班同學中，也有人國中只考上比灘中（註）分數還低的學校，但是升高中時，卻以第二高分錄取灘高，之

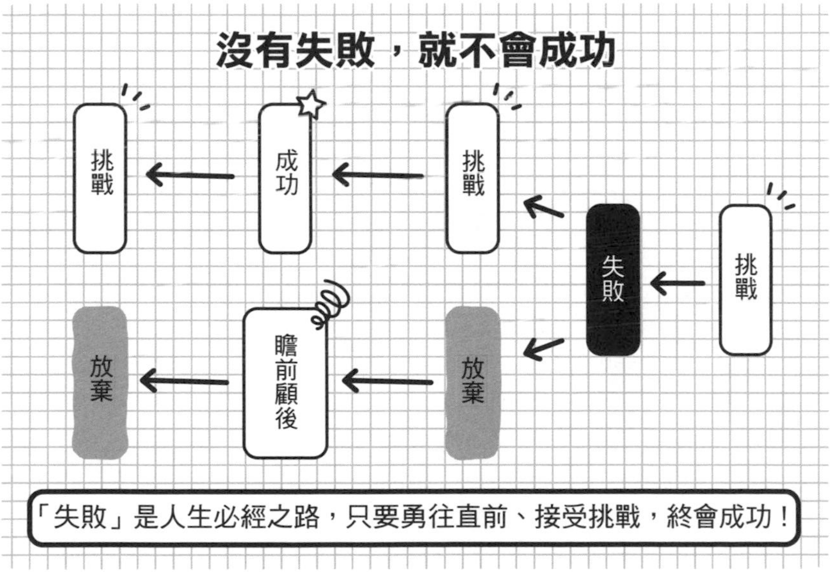
沒有失敗，就不會成功
挑戰
失敗
挑戰
成功
挑戰
放棄
瞻前顧後
放棄
「失敗」是人生必經之路，只要勇往直前、接受挑戰，終會成功！

後不論在灘高或東大醫學系，皆以一流成績畢業，甚至成為最早當上教授的人。

我的學生中，也常有人將失敗化為動力，應屆考上包括東大在內的國立大學。當然，考取大學並非人生的終點，相信他們未來也會繼續接受新的挑戰，時時投身於競爭中，不停地行動。

害怕失敗因而不敢挑戰、不付諸行動、做事拖拖拉拉；這種人的失敗經驗並不會比較少。若能及早多經歷幾次失敗，即可免疫，不再害怕「輸」。

「輸是理所當然的，贏則是因為幸運」，抱持這種輕鬆的心情，就能迎向挑戰。**不必相信自己會贏，因為輸是理所當然的；不過，下次也許會贏。假如下次又失敗，那就再挑戰一次吧！若能抱持這種想法，失敗就一點也不可怕。**

我一直認為，因為大學時代曾有拍電影受挫的經驗，長大後才能順利拍出好電影；雖然我的作品榮獲摩納哥國際影展最佳影片大獎，卻在票房上失利。但是，只要從中學到教訓，相信下次一定能拍出叫好又叫座的電影，這就是我的人生觀。

失敗是「用錯方法」，跟能力無關

沒有地位、頭銜和財產的人，大多會認為自己很「沒出息」。如果工作能力低、事業無成，便認定自己一文不值，自作主張地認為自己長得很「抱歉」，才會沒人緣。

實際上並非如此。我舉一個比較極端的例子，如果有個大富豪破產、公司突然倒閉，或是一位絕世美女或帥哥因為車禍而毀容；難道他們的人生，就因此完全失去希望了嗎？當然，那些因為財富、地位而靠攏的人們將會遠離；因為外貌對你又吹又捧的人，不會再對你感興趣。這也沒辦法，因為這就是重視金錢、財產、外表的人唯一的目的。

註：「灘」是日本關西第一名的私立完全中學，也是東大榜首的匯聚之處。

不過，並非所有人皆如此。也有許多人會以始終如一的態度對待你，他們會在毫無裝飾的你身上，發現值得珍重的價值，感受你的魅力。因此，請對自己有信心，重要的是永不放棄挑戰，假如能這麼做，即使失敗也能找出原因。

失敗不是因為自己「很沒用」，而是用錯「方法」，並非由於自己無能，而是需要再累積某方面的能力。這樣一來，你就能馬上嘗試別種方法，也能好好磨練自己缺乏的能力。行動之後如果沒有成果，那就改變方法吧！

學習者只說好話，沒自信的人才喜歡批評

別用匿名批評，暗箭傷人不是真君子

由於我言詞辛辣、有話直說，因此討厭我的人不少。開始寫部落格之後，便常有不認識的人在部落格中傷我，或在網路論壇上抨擊我。

不過，像這類網路上的批判，80％～90％的人都是匿名，這種人多半不敢表明自己身分，卻最喜歡暗箭傷人。其實，**越缺乏自信的人，越喜歡說人壞話**。藉由詆毀他人來抬高自己，覺得自己了不起、聰明。

之所以這樣說，是因為我最近常常遇見許多成功人士，他們大多樂於讚美別人；我想這是因為他們心胸寬大、有自信，所以樂於讚美他人。

扯後腿，無法換得想要的結果

以往不曾對人品頭論足的人，如果突然開始說別人壞話，一定是心中有所不滿，處於喪失自信的狀態；一旦出現這種狀況，人們就會開始互扯後腿。

中傷他人和互扯後腿徒勞無益，這種事如果持續，事態會越發惡化。因為不景氣的關係，即使公務員沒有加薪，依然被批評薪水比民營企業高，或是被罵「鐵飯碗」。也有人批評他們以低廉的租金住公家宿舍，真是豈有此理等。

不過，過去民營企業的薪資，比公務人員還要高，同時也是採取終身雇用制，多半也會提供員工宿舍。當時，興建優良宿舍，既能招攬優秀員工，又能促使員工有好的工作表現。更何況，公司相信住在員工宿舍裡，可以加強彼此的團結感；實際上，這種公司通常能招募到優秀的員工，也同時會使業績成長。

不過，大環境改變、經濟十分蕭條，民營企業接二連三地廢除員工宿舍，只提供少許的住宿津貼、削減經費。最後逐漸降低薪資，連原本終身雇用的員工，最後也被裁員。如此一來，多數人就將不滿的矛頭指向公務員。

「一般上班族都過苦哈哈的日子，只有公務人員享有氣派的宿舍，太不公平了，浪費納稅人的錢！」於是開啟「批鬥公務員」的現象。然而，景氣並未回暖，生活越來越貧困，使痛苦加劇。

基本上，民營企業多半以公務員的薪資為基準敘薪，假如公務員的薪資下降，民營企業也會調降薪資。所以，與其調降公務員的薪資、剝奪福利，還不如努力使自己的薪資提高到公務員的水準，或是好好為公司打拚，使被剝奪的員工福利重新復活，還比較實際。

互相扯後腿的後果，就是讓小人占盡便宜，平民百姓的生活則越來越難熬。

互扯後腿，不如攜手合作

弱者與弱者不斷互相拉扯，只會向下沉淪，讓高級官僚和企業老闆占便宜。因為他們不必依賴貪污等手段，就能成功削減經費。實際上，企業主以若不同意減薪或裁員，公司就將倒閉來威脅員工。公務員因為不必擔心政府倒閉，所以令人羡慕。

如果互扯後腿，誰也不會得到幸福；當每個人都很富足時，心胸最寬大。事實上，大企業的人事費佔營業額的比例，以汽車業或電力公司來說，都只有1成左右。明明還有產品缺乏競爭力等其他原因，卻將經營失利的責任歸咎於員工，大概是因為媒體與勞資雙方都在互扯彼此後腿的緣故。

相反地，彼此支持、互助的社會，經濟才會成長。國際競爭力名列前茅的

互扯後腿，只會帶給彼此不幸

廢除公務員宿舍！！
停止終身雇用制！！
批鬥公務員
庶民B
庶民A
Dr.和田
互相謾罵只會兩敗俱傷，倒不如一起努力，改變現況。

瑞士，物價非常高，小小一個三明治要價1000日圓（約台幣305元），受雇人員的薪資與最低租金皆為世界之最。即使如此，卻沒有人追求賤價出售，因為有寬闊的心胸，才能在國際競爭力中拔得頭籌。

評論不是批評，而是懂得找出優點

擺出評論家的架子，只會批評別人的人也將一無所獲。譏笑別人的努力，對成功者的批判，總是既辛辣又負面。這麼做也許會很爽快，覺得自己比人強，但其實只是錯覺；**真正的評論家懂得發掘事物的優點。**

我定期在雜誌上寫書評，在專欄中介紹推薦閱讀的書。但是，我的用意並不是要吹捧一本書，書評是為了決定是否購買那本書而看的。每天都有大量的書籍出版，那種會被認為不值得購買的書，根本不需要介紹。

我也會撰寫影評，情況亦然。就算多少會批評幾句，也是因為想推薦讀者去看那部電影，才會特別介紹它。

日本的影評人先驅淀川長治先生，總是帶給觀眾無窮的電影魅力。小時候，電視播放洋片劇場前，淀川先生一定會出場，以獨特的說話方式，介紹即將播出的電影的迷人之處，待影片播映完畢後再度出場，說句：「下週敬請期待，再會了、再會了、再會了。」使螢光幕前的觀眾們，燃起隔週繼續收看的渴望。

而口頭禪是「哎呀呀，電影這玩意兒真好！」的水野晴郎先生，同樣會從各種角度敘述作品的魅力。並且因為喜愛電影，最後當起導演、拍攝自己的作品；這樣的人，才稱得上是真正的專業評論家。

少批評、多學習，讚美能獲得成長

如果你身邊有一群人，熱衷批評、中傷別人，絕對不要與他們同流合汙。目中無人地不斷說長道短，其實不過是自己無法在工作上取勝，只能以批評他人來發洩情緒罷了。

「他都是靠關係，才會受到拔擢。」、「他只是利用部下讓別人以為他很能幹，其實光靠他一個人，什麼也做不好。」老是批評別人，就能做好工作嗎？一旦與這群下班後，會不斷對人品頭論足的人同流合汙，你將不會有未來。

商業社會中，在工作上獲取成功的人，才算贏得勝利。不妨以他們的成功為範本，暗中運作，利用同事或部下，努力迎合上司，若能因此出人頭地就賺到了。

保持互相讚美的關係，彼此都能成長。見不得別人好、喜愛批判的人，不算是朋友。同類會互相吸引，灘高也是因為彼此互助，才能有100人考取東大。

寄身於何種團體之中，將會大大改變人的一生；一路過關斬將的人，絕對不會批判、惡言中傷別人。

不服輸的人，一定能再贏回來

保有「好勝心」，會因為「想贏」而成功

看到現在的小孩就不免擔心，以後是不是會有更多缺乏「行動力」的人。而且，此現象也會影響下一代。我想，失去「好勝心」是原因之一。人類也是動物，原本就具備爭強好勝的本能，不管是學習或運動，都會想要贏過身邊的某個人；會想要有所行動，全力以赴。

然而，越年輕的人，「好勝心」越薄弱。「別人是別人、我是我」，打從一開始就不想參與競爭。如果能按照自己的步調，讓事情順利進展倒也還好，但是很多人並非如此，還沒開始努力就想放棄。

如果我們的社會，這種人占大多數，將會演變成什麼情況？在寬鬆教育下，被

教導成「不與人爭」的孩子，將來會成為什麼樣的大人？一開始便預設自己的極限，然後放棄。不挑戰也不努力，就「無奈」地隱忍，實在很可惜。

不過，也正因為時代如此，只要稍具競爭意識，就容易獲得成功。

保有「想贏」的心，最容易獲勝

學習也是一樣，如果就讀可以從小學一路讀到大學的私立學校，很難培養出與人爭勝的意志。另一方面，如果國、高中時就讀升學取向的學校，就會

還沒開始努力，別輕易放棄！
沒辦法！
我不跑了。
≡3 ≡3
Dr.和田
這不叫「我行我素」，而是任由他人擺佈自己的人生，千萬別照做！

被徹底灌輸競爭的心理。就讀日本入學門檻最高的慶應幼稚舍（小學）的孩子，據說多次報考東大都落榜，幾乎無法贏過國、高中時才進入慶應就讀的學生。

「好勝心」對一個人的影響非常深遠，這並不代表要展現鬥爭意志，挑起與他人之間的戰鬥。因為，將「競爭心」存在心中，就會產生鬥志。

讓明日之我，戰勝今日之我，也是很了不起的競爭心。**想打敗今天的自己、更上一層樓，鍛鍊這樣的好勝心，就是養成「行動力」的捷徑。**

嫉妒心，是進步的原動力

你有過這種經驗嗎？工作表現被一起實習、且分發至同部門的同事超越，因而陷入自我嫌惡的狀態。那位同事極諳人情世故，深受上司疼愛，甚至長得一表人才，你不由得拿他跟自己比較，因而感到自卑。不久，自卑感便轉為嫉妒，暗地裡說對方壞話，一有機會就想扯他後腿。

其實這樣做對你沒有好處，因為一旦深陷嫉妒之中，你的行動便會受到制約。

實際上，一直原地踏步的你，與朝理想繼續努力的同事間的距離，已經越來越遠。

這時候該怎麼辦呢？懷有恨意的嫉妒心，全心全意想把對方拉下馬的嫉妒心，固然不值得肯定，但是，「拿自己跟對方比較」絕非壞事。

以精神分析的觀點來看，嫉妒心分成兩種。一種是「把對方拉下來」的嫉妒心，另一種則是「想贏過對方」的嫉妒心。**若能擁有後者的嫉妒心，了解自己為何無法踏出下一步，並客觀地比較彼此的差異，反而能掌握蛛絲馬跡，思考自己缺乏的能力。**

換句話說，只要挑起「懊悔」的心情即可，感到懊悔之後，下次就能贏回來。就算目前還無法超越對方，只要能趕上就好。

在有勝算的前提下競爭，能提升成就感

其實，我也非常好勝，同時也懷有強烈的自卑感，但是，帶著偏見看待一切、嫉妒別人，並不能滿足我的好勝心。就算這次輸了，下次我還是會積極地贏回來。

因為我不想再次懊悔，所以會全力以赴。我拍電影大概也是因為這種懊悔的心理，才會企圖在30年後復仇。籌拍下部電影也是因為心有不甘，想在票房上成功。

不過，我不做無謂的努力，前文提到，我對運動和賭博都不在行，又沒有女人緣，所以不會去挑戰沒有贏面的事。我會在勝算多一點、自己拿手的領域與人一較高下。雖然好像很狡猾，但是出乎意料地，這樣做會成為改變自己的契機。

在自己有勝算的場子與人較量，並贏得勝利，也是滿足競爭心的聰明做法。

#「心」和肌肉一樣，可以越練越堅強

##「抗壓性」決定一個人的職位與人際關係

「我無法承受壓力，所以我的工作不順利，沒辦法出人頭地。」、「我無法承受壓力，只要持續感到壓力，就覺得很憂鬱，好可怕。」許多人會這麼說。

真的是這樣嗎？外在與內在的壓力，就好像是引發心理疾病的「萬惡根源」。

除此之外，利用這類壓力，對心理施加負擔，其實可以慢慢鍛鍊一個人的心志。

不過，當內在與外在的壓力過大時，會於心中形成重擔，導致能力降低。我們稱前者的壓力為「正向壓力」，後者則為「負面壓力」。兩者的分界雖然因人而異，但是長大成人後，隨著能力提升，該界線也會慢慢升高。

這與小學時發生一點小事就會哭泣的小孩，漸漸不再愛哭，升上國中、高中後，變得越來越堅強，是同樣的道理。

人的心也會一年比一年堅強，想要變得更堅強、提升受挫力以及抗壓性，最快的方法就是不斷經歷「正向」等級的壓力；然而現實並非如此。由於少子化，每個人的兄弟姊妹都不多、獨生子女增加，從小就在過度保護中成長，因此，心志未受鍛鍊就長大的成年人非常多。

像與朋友吵架、被老師罵等小事，父母也常會動不動就出面「幫忙」解決，導致孩子完全失去磨練心志的機會；孩子無法適應壓力，更遑論鍛鍊心志。

假使你覺得自己無法承受壓力，那麼你需要的不是逃避壓力的方法，而是在可以承受的範圍內，勇敢地面對壓力，並且克服它。

平常多鍛鍊心志，壓力來了也不怕

在追求健康的熱潮下，越來越多上班族養成到健身房運動的習慣。如果定期上健身房鍛鍊身體，肌肉也會越來越發達。為了增強肌力、利用重訓機器鍛鍊時，一

被保護得太好，會成為爛草莓

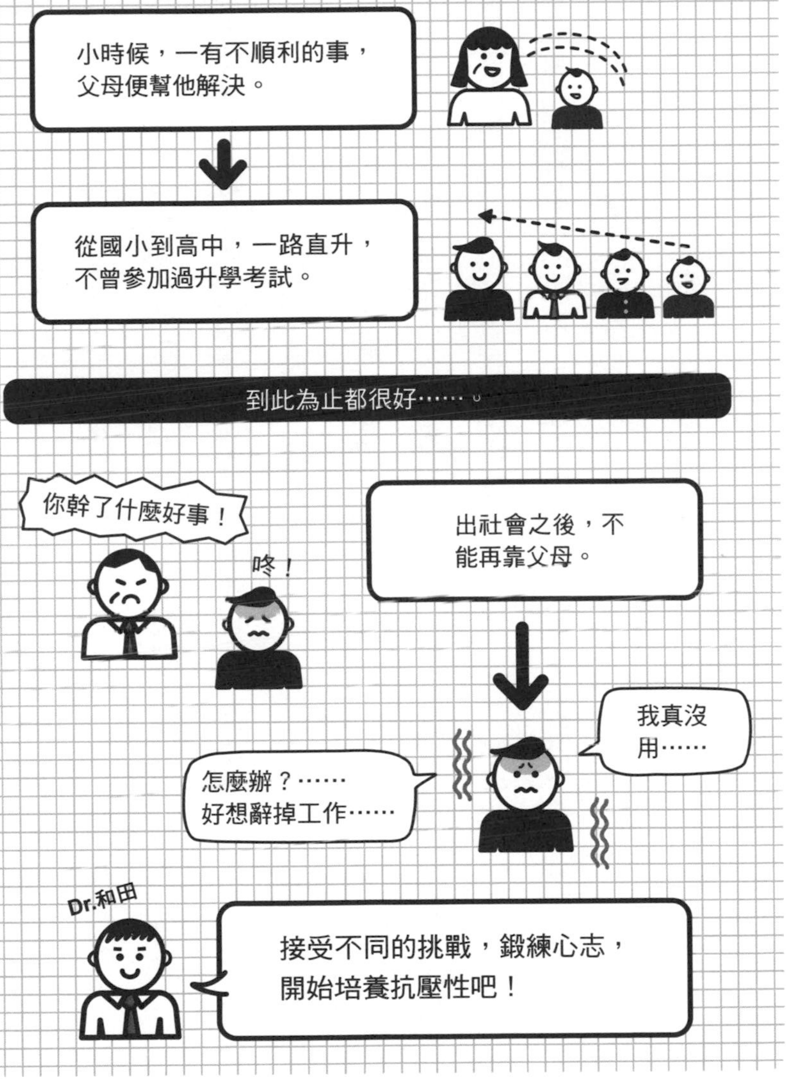
小時候，一有不順利的事，
父母便幫他解決。
從國小到高中，一路直升，
不曾參加過升學考試。
到此為止都很好……。
你幹了什麼好事！
咚！
出社會之後，不
能再靠父母。
我真沒
用……
怎麼辦？……
好想辭掉工作……
Dr.和田
接受不同的挑戰，鍛練心志，
開始培養抗壓性吧！

般來說施加最大肌力的85％～100％最理想。

同樣是85％～100％，如果一開始訓練時，因為肌肉無力，能承受的重量很小；不久之後，那樣的負擔便漸漸不能滿足自己。因為每鍛鍊一次，肌力就會增強，負擔也會加重。即使是身材瘦長的男性和女性，只要肌力強也能負擔相當的重量。

鍛練心志也是一樣，別因為一點壓力就沮喪不已、一蹶不振、否定自己，最後喪失自信。如果能想辦法撐住，克服這些內、外在的壓力，心志也會變得堅強，正如鍛鍊肌力一樣。如此一來，就能勇敢面對更沉重的壓力。

順利克服壓力時，心志也會得到鍛鍊，反覆之下，就會越來越堅強。相信自己，勇敢地面對壓力吧！你一定有辦法克服的。不過，有一件事情要注意：**一開始時，不要讓自己面對太大的壓力，依照自己心志的強度，慢慢加重負擔非常重要。**

如果一下子就面對負面壓力，別說鍛鍊心志，還可能會得到心理疾病。請慢慢鍛鍊自己，讓過去的「負面壓力」變成「正向壓力」吧！

Part 7

習慣7

絕不對自己喜歡的事說「算了」！

——夢想永遠不會消失，逃避的往往是自己，
用「行動」能換取實現的機會。

30歲以後，一定要成為能挑工作的人

不喜歡的工作也得照做，為什麼？

有非常多的主管誤以為，願意做自己不想做或討厭的差事，才是優秀的職場人。他們認為，自告奮勇去做不情願的事，即使不想做也隱忍在心裡，外表卻裝出一副很愉快的樣子，是一種美德。若因為不想做而斷然拒絕，還會被罵不負責任。

日本的小學有輪值打掃制度，但在歐美國家，雇請專人負責打掃乃天經地義，學校只需準備一個讓孩子好好學習的環境就好。許多外國人對於要讓孩子負責打掃，似乎都很驚訝。不過，仔細想想，這是一種生活教育，也有人十分推崇這樣的做法。（編按：台灣的小學也有輪值打掃的制度，藉此培養孩子的責任感，對自己所做的事擔起責任。）

其實，我也贊成輪值打掃。大家各就各位，合力將教室打掃乾淨，在指揮、人力調度的過程中，也能學到許多東西。

但我希望大家不要誤會，不願意輪值打掃和挑喜歡的工作做，完全是兩回事。我反而認為，盡量挑三揀四，做自己喜歡的工作比較好。但是，如果只想做喜歡的事，卻沒能力，於是心不在焉，這種情況當然不值得誇獎。

人對於自己喜歡的事會越拚命，就算被上司欺負、每天不停加班、常有難過的事等，只要是喜歡的工作，就能咬緊牙關撐下去。前提是當事人必須對工作有熱誠，才能打造理想的工作環境。

不要讓工作選你，而是你選工作

出社會後，如果一開始就能從事自己喜歡的工作，是非常幸運的。只可惜，有能力選工作的人屈指可數。大部分的人為了餬口，不喜歡的工作也得照做。

為什麼呢？因為還沒有挑工作的能力，能夠自己選擇。既然如此，就必須培養自我的能力，以便能選擇工作。為此，最需要的就是「行動」。

假設你立志要成為電視台導播，實現這個夢想最快的方法就是進入電視台工作。各家電視台每年都會招募新人，決定想報考的單位後，再參加考試。即使沒考上也別放棄，實現夢想的方法不只一種，反而可以趁機思考其他方式。

以導播而言，並非都是隸屬電視台的員工，有些拍攝連續劇或紀錄片的導播，是從外面的製作公司請來的。只要調查承接這類案子的製作公司，就有機會能進入工作，開啟一條通往導播的路。若不能成為正式員工，兼差打工也行，重要的是「行動」。

既然心中有夢，不妨採取實際行動，接近夢想，哪怕一步也好，別讓夢想在眼前消失。只要不放棄行動，夢想就可能實現。

工作只是為了賺錢，不可以嗎？

「方法」只是一種手段，「結果」最重要

我的父親是個普通上班族，親戚中也沒有人是醫生，但我卻立志從醫，為什麼？因為我想拍電影。高中時，我就夢想成為電影導演，只可惜當時的電影公司已不再招募副導演，就算被錄取，也只能待在色情片片場，無法實現我的夢想。

於是我不斷思考，要如何才能實現夢想，執導自己想拍的電影。最後發現，最快速的方法就是籌措拍片資金，及空出時間拍片。

為了達到這兩項目標，幾經思考後，我決定當醫生。因為醫生的收入比上班族豐厚，只要籌得資金，我就可以辭掉醫院的工作，專心拍電影。畢竟我擁有醫生資格，就算拍片失敗了，也還能再到別的醫院工作。

為了拍電影才選擇當醫生，我問心無愧

當我提及此事，許多人的反應都是：「醫生是拯救性命、守護健康的行業，攸關人命。你竟然為了拍電影才立志從醫，動機實在不單純。」

當時我不明白，到底哪裡不對？

如果想要創業，就必須籌措資金，所以要打工賺錢，這是理所當然的事。我當醫生也和這個道理沒兩樣，為了達成目的，要找到最佳的手段，然後實踐。

同班同學也數落我：「像你這樣的

思考如何實現夢想的「最快方法」

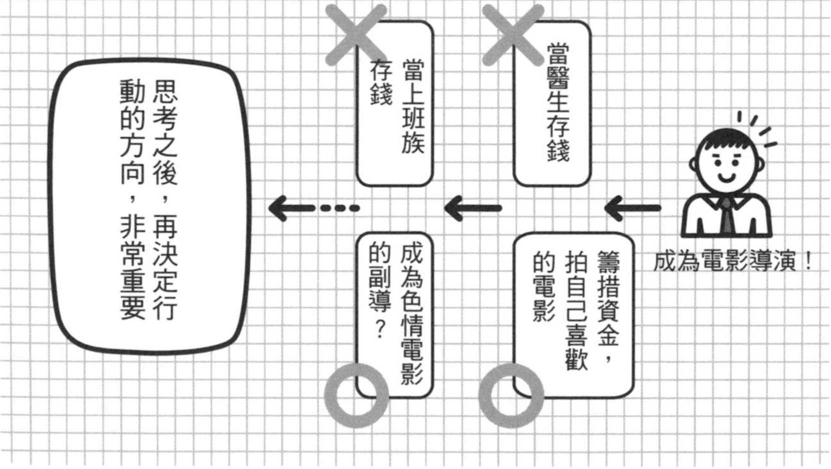
成為電影導演！
當醫生存錢
籌措資金，拍自己喜歡的電影
當上班族存錢
成為色情電影的副導？
思考之後，再決定行動的方向，非常重要

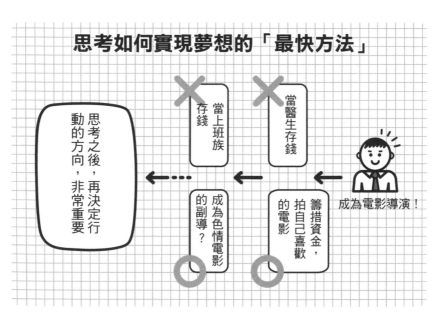

人來念醫學系，只會讓一個真心想行醫的人，當不成醫生。」結果，我到現在依然是醫生，也拍了電影。除此之外，我還廣泛從事各種工作。

批評我動機不單純的人，自己卻裹足不前。在論人長短之前要知道，只要是「為自己而做」，就有價值。實際上，我從來不認為自己是個二流醫生，也自認幫助了許多人，我所治療過的病患，也很少有人病況惡化（在精神科，惡化的案例非常多）。

的確，我是為了拍電影才選擇當醫生。但是，從醫後我才發現，這份工作比我預期得還有意義。包括得到病患的感激、道謝，精神分析越學越有趣等。

現在，我一方面在醫院看診，同時每3個月就去美國進修，繼續學習精神分析領域的最尖端知識，並在研究所任教。

這些是我成為醫生前，不曾想像過的，做了之後才覺得有趣。即使我已實現電影夢，現在依然在繼續行醫，除了增加資歷，同時也能賺到下一部電影的資金。從結果來看，不論夢想和滿足度都加倍成長。

身兼數職，也能一路領先

事情要做了之後，才能知道結果，甚至有意外的發現。人的情感隨時都在變，因此活在世上要靈活變通，別自我設限，隨時選擇自己認可的路，並採取行動。

雖然這麼說，實際上當醫生也有一些不自由的地方。專門醫治老年人的精神科醫生需求很大，人數卻很少，想辭也辭不掉，也不能丟下病患不管。不過，由於競爭對手少，即使身兼數職，也能在這一行中保持領先地位。老實說，這也是我做了之後才明白的事。

指責我進了醫學系會害人，或不適合當醫生的人，事實上並沒有成為醫生，而是從早到晚埋首於動物實驗之中。不過，我不是要譴責這樣的人。他們在實際做的過程中找到了自己的天職，畢竟，**「結果」才是評價一個人的關鍵。**

被拒絕不用放棄，等待「時機」再出手

沮喪太久，心會冷；等待並不是放棄

顧慮再三而無法行動的人，多半都有「遭到拒絕便立刻放棄」的傾向。我想，最大的原因是有一顆纖細敏感的心吧！

如果是強勢且任性的人，就算遭到拒絕，還是會不顧一切往前衝；容易思前想後的人，因為能體諒、照顧別人，往往容易流於消極面對。這也不算是壞事，只是較吃虧罷了。

想要擁有讓自己滿意的人生，很多時候就是得要「勇往直前」，一旦放棄，從那一刻起，一切就結束。那麼，該怎麼做呢？

我想，「看清楚時機」也是一個方法。假設你遭到對方回絕，心情低落，平時

可能會馬上放棄，但這回你制止這樣的念頭，再一次鞭策自己，鼓起熱情，懷抱強烈的願望。此處的關鍵是，暫時將願望藏在心中，等待機會。

畢竟，要一個裹足不前的人遭到拒絕後立刻行動，大概也很難吧！可是，如果讓他認為，並沒有要「立刻」再行動，心情便輕鬆許多，不是嗎？

「等待」，也是一種行動

此刻不妨將意願暫時擱置，靜待機會。不過，絕對不要放棄。有可能在想破頭時，會突然浮現令人讚嘆的好點子；

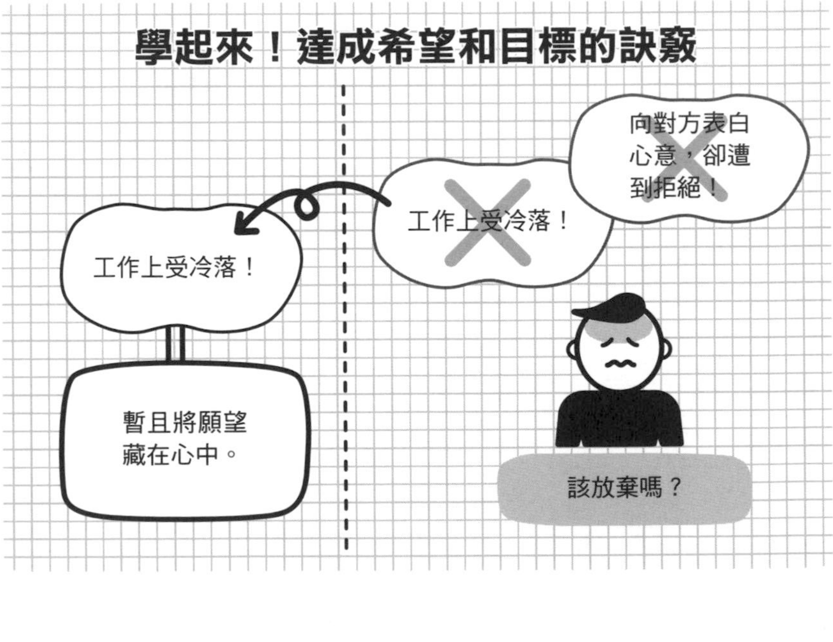
學起來！達成希望和目標的訣竅
向對方表白心意，卻遭到拒絕！
工作上受冷落！
該放棄嗎？
工作上受冷落！
暫且將願望藏在心中。

也或許會有人告訴自己更好的方法。「時間」會幫我們解決問題，只要耐心等待，這些絕非不可能發生。

你必須時時在心裡勾勒夢想，若因長期擱置而忘了，就等同於「放棄」。絕對不能放棄，現在只是暫時按兵不動，等待機會。

「無法行動」和「不行動」是兩回事。倘若遭到拒絕，快要失去自信時，更是要按兵不動。有時候，「等待」也是一種行動。

心不甘情不願的做事，90%會失敗

有沒有過這樣的經驗：明明沒有意願卻不得不做；明明提不起勁卻勉強去做，越是這樣，結果就越失敗。

身為醫生的我，這麼說或許很奇怪，不過，「病由心生」在現實中真的存在。有時只要覺得自己生病了，就會真的發燒、拉肚子。事實上，**心情「憂鬱」會使免疫力降低，變得容易生病。同樣的，心不甘情不願的做事，往往不會有好結果。**

越有「幹勁」，人就越能發揮實力，「幹勁」是成功的原動力之一。提不起「幹勁」時，失敗的機率也會提高，因此，千萬別勉為其難的去做，只是徒增失敗而已。

思緒混亂時，先做一件事就好

不過，如果一直停在原地不動，會對下一次要採取的行動感到膽怯。無法快速行動的人，一旦停下腳步，要再跨出下一步時，往往會猶豫不決，並開始胡思亂想，「如果對方這麼想，怎麼辦？」、「難道沒有人會這樣想嗎？」

想要預防這種情況，不如全面性的暫時停止行動，一天只要做一件事就好。比方說，試著聯絡腦中忽然浮現的老朋友，或整理已經有段時間不曾碰過的收藏品，就算只是雞毛蒜皮的小事也無妨。暫時別管結果，先做再說。

在停止的這段時間內，還是要發揮微小的行動力，更別讓「心」冷卻了。只要能這麼做，當機會來臨時，就能再次精力充沛地動起來。

Part 8

習慣8

找一個有能力的人，模仿他

——越優秀的人，越懂得「模仿」；
停滯不前的人，總想著要「自創」。

好創意，來自完美的抄襲

一直執著「原創」，反而會原地踏步、浪費時間

我曾經以相當優異的成績考上國、高中一貫的升學學校「灘中學」，但是，一直到高二，我的成績都是「吊車尾」。不過，最後我卻從谷底翻身，應屆考上東大。我之所以能在很短的時間內，達到及格分數，是因為我獨創了一套讀書法。

只要一談到我從考上灘高、東大，再成為醫生，多數人都會說：「**他原本就很聰明。**」只從「結果」來判斷，事實卻非如此。所謂的天才或是出類拔萃的高材生，在應屆考上東大的人當中，僅是鳳毛麟角。包括我在內，幾乎所有的東大生，都是在讀書方法和考試技巧上下工夫，並加以運用，才能通過考試。

不過，上榜後被別人誇獎並不會不舒服，若有人說自己是天才，也會有幾分相

信。但是，我從未產生這種錯覺；冷靜分析自己為何能在短時間內，急速提升得分能力？為何能應屆考取東大？然後將結果整理成「和田式學習法」，寫成一本書，並開設補習班，傳授應試技巧給學生們。

模仿，一定可以比原創更出色

最近，有位透過我的函授課程學習的高中生，以第一名成績應屆考上東大醫學院。這位學生原本就很優秀，但根據他的說法，在仿效我的做法、改變讀書方式之後，成績更是突飛猛進。「模仿」往往讓人產生無法超越他人的錯覺，然而，憑著模仿而青出於藍的人也不少。

其實，我的讀書方法有80％～90％都不是我獨創的，而是模仿學長與優秀的同學。也許因為如此，我所開設的補習班，每年能夠培養100位學生考上東大，東大醫學系的上榜人數，更是年年都排名第一。

想進入東大，就模仿考上東大的人的做法；想成為社長，就學習成功的創業家。雖然不保證這樣做一定會成功，但是肯定比此刻尚未成功的自己，用「無師自通」的方法有效。

如果對自我學習、創造有所堅持，最好立刻捨棄。也許聽起來很不可思議，但是越優秀的人，越會模仿他人。相反地，越不優秀、做事情越不順心的人，很容易堅持自己的做法，不論周圍的人怎麼說，還是堅持自己的想法。

堅持自學自創的人，難道靠別人的方法成功後，也不覺得是自己的功績？難道害怕嘗試其他方法？不管怎麼說，人以成敗論英雄，如果拘泥過程，距離

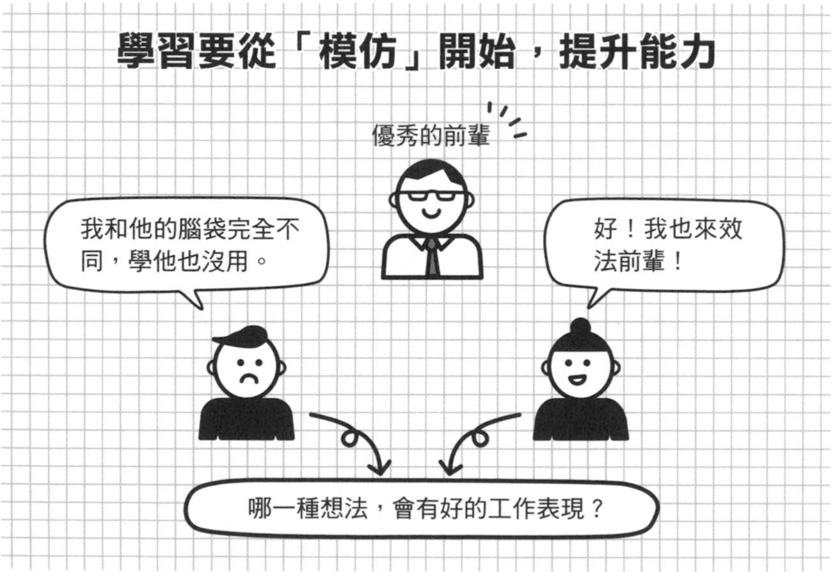
學習要從「模仿」開始，提升能力
優秀的前輩
我和他的腦袋完全不同，學他也沒用。
好！我也來效法前輩！
哪一種想法，會有好的工作表現？

成功會很遙遠。以考試來說，成績差的學生多半會否定我的方法，「反正我們的腦袋長得不一樣……」等，一味的批判，卻從不嘗試。

另一方面，成績好的學生，似乎覺得只要有可能增加分數，就算多1分也好，什麼都願意嘗試，於是實力大幅精進。

模仿成功者，是以10倍速進步

朋友A很喜歡打高爾夫，每週都會到球場練球，高爾夫球的知識相當豐富。但是問他到底打得如何？他卻隻字未提。

為什麼呢？因為他一直是自學而成。由於他的高爾夫知識屬於專業級，只要一談起來就停不了口，對於一起打球的人，也事事干預，批評別人中心軸偏移、站位不佳等，所以球友們都不喜歡他。

有一次，一位高爾夫球友送他一片老虎伍茲的光碟。他看著影片練習之後，成績突飛猛進，原來這位球友看A從頭到尾都自學，完全沒有進步，才好心送他影片。

不料A毫不領情，居然當場就把影片送給其他球友。據A表示，老虎伍茲的身高、體型都和自己不同，看他打球對自己沒有幫助。只有自己最了解自己，所以自學自創最好，只要多多去球場打球就會進步。

我平時不打高爾夫球，所以說不出什麼大道理，可是至少結果已見分曉。不管打了多少年高爾夫球，A依然是個「肉腳」；這恐怕是因為他一再重複拙劣的揮桿，久而久之養成不良姿勢吧？

一直停留在原地時，就該改變方法

不管怎麼說，人其實不如想像中了解自己。很多時候，當局者迷、旁觀者清。更何況，要靠練習才會進步的事情，成為「模仿高手」才是最佳選擇。能否有驚人的改變另當別論，但是一定會有所進步。我經常教導用功念書，成績卻沒有相對提升的學生們必須改變做法，對於一再練習還是沒有進步的情況，也是如此。

此外，若有自己可以效法之處，就趕緊在下一次打球時實踐。即使不能變成石川遼（日本知名的高爾夫球星，有「高爾夫神童」的美譽），應該也會有所學習或領悟吧！如果抱持著「我怎麼可能跟比自己年輕的選手學習」這種想法，球技大概很難再上一層樓。

不只是高爾夫球，工作也是一樣，無關乎年齡與資歷。只要有令你感到讚嘆的成功者，就先從「模仿」開始做起吧！

用第三者的立場看自己，你會更理性

太相信自己的人，容易被自我蒙蔽

拿起本書閱讀的你，或許擁有瞻前顧後、裹足不前的特質。其實，你不妨這樣想：能夠冷靜地分析自己，就已經是在「採取行動」了。可以判斷自己「拿手」與「不拿手」的事物，自我分析能力越強，就越容易採取行動。

這種有關「自我認知」的「認知」，從第三者的立場看自己，並冷靜地做判斷，就稱為「後設認知」。若以一句話來表示，它原來的意思就是「認知自我認知」。自己現有的知識，對於思考這個問題充分嗎？是否偏頗？自己的推論是否受情感左右？是否人云亦云？先了解，再自我檢查「知識狀態」和「推論狀態」。

不過，1990年代開始，關於「後設認知」的另一種看法越來越受到重視。開始有人主張，還有比了解自己更重要的事情。現在，利用「後設認知」的「知識」來改造自己的「後設認知活動」，比「後設認知」的「知識」更受到重視。

一點一點地「改善」自己，不用急

「後設認知」就是自我分析：「我不擅長這件事，為什麼呢？因為我欠缺這部分的能力」。若是「後設認知活動」，就要再深入思考：「我不擅長這件事，為什麼呢？因為我欠缺這部分的能力。既然如此，那就要補強我所欠缺的部分，讓自己不再害怕。」或是「我欠缺的部分不可能馬上補強，所以就用其他能力去與人爭勝負」等，慢慢自我修正。

換句話說，只要可以做到「後設認知活動」，就能讓自己一天比一天進步，克服弱點，說不定還能以專長與人爭勝負。

如果問題出在遲遲無法採取行動，那就讓自己變得更果決些。如果欠缺知識，就補充知識；若覺得自己的推論很容易受情感擺布，那就驗證是否真的如此，並嘗

從客觀角度看自己，判斷最準確！

何謂「後設認知」？

從第三者的立場看自己，並冷靜地判斷。

再前進一步！

何謂「後設認知活動」？

以「我不擅長這件事」等方式分析自己，並思考解決之道，逐漸自我修正。

試做其他推論。不妨從今天起，試著運用「後設認知活動」，一點一點地「改善」自己，如何？

常問自己這6個問題，你會冷靜下來

「江山易改、本性難移，我這種猶豫不決的個性，肯定永遠也改不了。」想必許多人都這樣認為，其實，你不必為此而操心。

想法和行為模式都會改變，自己本身也會逐漸轉變。你一定能變成一個行動敏捷、不瞻前顧後的人；首要之務就是這樣說服自己。同時，我建議大家盡量進行「後設認知活動」。既然容易瞻前顧後、裹足不前，思考時要順便檢視自己，「到底在顧慮什麼？現在的狀況如何？自己的知識和能力是否足夠？」等。

若能像這樣自我分析，久而久之，就能不受外在影響，及被自我情感左右，冷靜地看待事情，做出恰當的判斷。就算判斷錯誤，也能立刻察覺自己此刻是否感情用事、或被知識、資訊誤導等，並加以修正。

遲遲無法採取行動，很可能就此卻步不前時，不妨再次回頭審視自己。這時要自我檢視的是以下6項：

❶ 推論是否受到目前的立場影響？
❷ 是否被情感左右而誤判？
❸ 是否被自己的經驗或知識蒙蔽及誤導？
❹ 自己已具備必要的知識、經驗和能力嗎？
❺ 是否容易被他人的意見蠱惑？
❻ 是否欠缺專注力、注意力渙散？

這種自問自答的習慣，有助於發揮「後設認知」的作用。也有人說，所謂的「後設認知」並非能力，而是一種態度。坦白承認自己現在的狀況不太對勁，有能力自問自答、態度謙虛的人，才能一天比一天更聰明。

找回自己的勝利感，才能愛上工作

以昨天的「我」為目標，越進步越有衝勁

陰山英男先生、野口悠紀雄先生都是日本知名的「學習法」權威，他們與我有一項共通點，就是「要讓孩子愛上念書，得先讓他考高分」。

陰山先生在兵庫縣朝來市立山口小學任教時，我曾與評論家櫻井良子女士一同前往拜訪，體驗「陰山學習法」。這是一種透過反覆練習提升基本學力，並經由複習，銘記於腦中的順理成章學習法；其中，讓孩子跟自己競爭這點，更是空前創舉，令人讚嘆。為了提升學力，大多會讓學童與同班同學或同年級的學生競爭。

然而，陰山先生卻把學童過去的自己設定為競爭對手。比方說，連大人都著迷的百格計算（結合心算與注意力設計的一套數學學習法），做完一張計算後，與昨

天的自己比較，速度快多少、正確率提高多少等。

沒想到打敗自己，竟會如此喜悅。**只要平時不斷練習，就會一天比一天進步。每天都能真切感受到自己的成長，漸漸就會喜歡上學習。**

陰山先生讓學生們做完百格計算後便舉手，即使專注於計算，還是感覺得到有人舉手，於是會拚命想要比別人更早舉手。可想而知，必然會引起同學間的競爭。

只跟昨天的自己競爭，不與他人比較

對於成績不好的學生，陰山先生則會迅速給予援助，他將這些孩子的成績，與全國平均值比較，而非單以同班同學為標準。更不會因為成績不好而責罵學生，而會告訴他們：「你比全國平均快了15秒喔！」雖然在班上墊底，但是會一天比一天進步。讓學生對此有所覺悟，並加以鼓勵；儘管成績不如班上同學，卻不會因此失去自信，讓孩子在與自己的競爭中，實際體會勝利的滋味。

這麼做之後，能真切感受到自己的學習力逐漸提升，慢慢會覺得學習很有趣，希望明天得到更好的成績，學習的熱情漸增。此時，只要再給予讚美，學生會更努力。在這種訓練下逐漸成長的學生，升上中學以後，依然繼續樂在學習，有效率地提升學力。

尋找自己有勝算的領域，真正體驗勝利或成長的感覺。這麼一來，就能維持對學習和工作的動能，並愛上學習和工作。

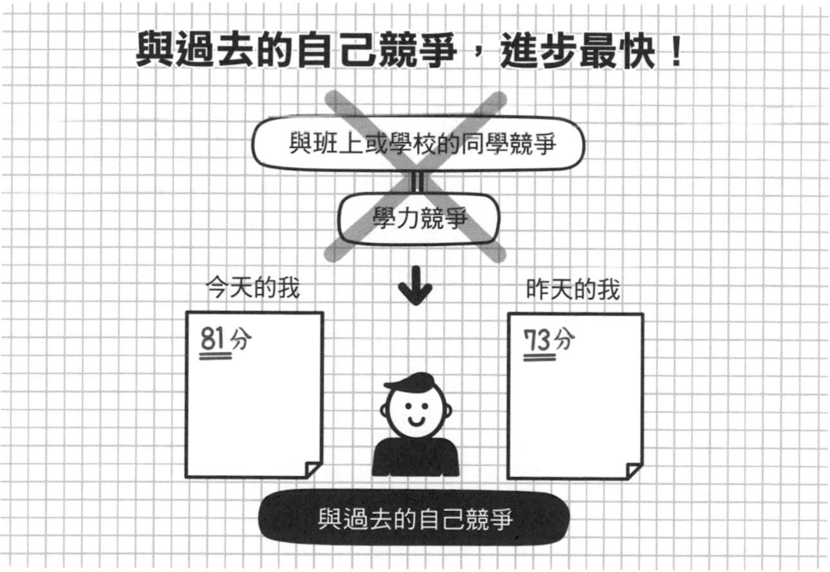
與過去的自己競爭，進步最快！
與班上或學校的同學競爭
學力競爭
今天的我
81分
昨天的我
73分
與過去的自己競爭

先做再說，多方嘗試能找到答案

中國古代兵書《孫子兵法》的謀攻篇中有句格言：「知己知彼，百戰百勝。」據說，連拿破崙也一直把它當成座右銘。若從現代社會的角度加以解讀，就是只要具備嚴謹的觀察力，精通並洞悉所有情報，清楚掌握自己和身處的環境、現狀，在工作上不斷挑戰，最後必能贏得勝利。

一面運用「後設認知」，同時仿效成功人士，嘗試各種方法。若過度堅持己見，很難成功；因此，請從放棄自己的方法開始。不久之後，你也許就能「知彼」，看清許多事情，做出正確的判斷，在模仿、嘗試的過程中，找出專屬自己的方法並實行。

只是，方法有時候需要修正。**當效率變差、動力減低時，請馬上學習其他榜樣。企圖心再強的人，一旦停止不動，動力也會減退；唯有持續不停地行動，才能維持動力。**如果放任不管，動力衰退是必然的事。這時候，請先模仿再說。

由於「動力」屬於心理層面，大家很容易以為必須在心理上提供支援，其實並非如此。要將「幹勁」這種不明確的東西，變得具有實用性，就需要「模仿」這種簡單且迅速的做法。沒有行動、停滯、猶豫的時間越長，就需要花一些力氣來重新開始；越瞻前顧後，就會陷進更深的洞穴裡爬不出來。

如果一味等待「幹勁」湧現，停滯的時間就會拉長。沒動力也無所謂，總之先做再說；不知道該怎麼做就模仿。只要這麼做，就能成為一個有行動力的人。多方嘗試之後一定能找到答案，就算自己並不滿意，也不必洩氣。答案不只一個，再嘗試、模仿即可。

藉由「模仿」能突破困境，速度最快

我的應試技巧中，有一項叫做「背數學」，意即將數學解法整個背下來。知道越多解題的模式，對解數學問題越有利。因為在有限的考試時間內，可以掌握許多解題線索。

不過，大家不要誤會，「背數學」並非一味地死記硬背而已，是為了能解開問題，背誦需要應用的內容，來增加解題的經驗。換句話說，一旦已背誦到某種程度，就該拿試題來進行實際應用、訓練，才會得到結果。

背誦解題方法的時期，正是瞻前顧後、無法行動時所進行的「模仿」。若能因此而採取實際行動，至少可以擺脫不會算數學、不願算數學的狀態。應用這些解法的練習，就相當於建構「自己的方法」的時期。

不久前還覺得自己的方法最好，但卻好像漸漸不能順利運作。無法採取行動、動力降低、得不到成果，陷入這種困境時，不妨再次展開「模仿」。

只要能夠仿效別人的做法，過去一直認為自己不會的事情，一定能迎刃而解；而且，一旦覺得自己做得到時，就會採取行動。總而言之，希望大家積極地採取行動，即使是模仿也好，因為模仿他人，常常會比較順利。

Part 9

習慣9

任何事都有成功模式，找出來

——善用「吸引力法則」，告訴自己「我會成功」，你就一定能心想事成。

過去的經驗，隱藏著成功的捷徑

過量的知識，會讓人失去方向

我朋友經營的一家小公司，對於具備與工作相關證照的員工，每月會多發給5千至1萬元的「資格加給」。收入增加當然會很開心，但是，取得證照也被認為是對工作有企圖心的表現，會影響升遷；因此，年輕員工皆拚命考取證照。

其中，最引人注目的是3位同時進入公司，年紀介於25～30歲之間的員工；聽朋友說，這3個人的性格截然不同。身為精神科醫師的我，也對他們的個性很感興趣，想知道他們考取證照的方式。

A君——善於交際應酬、談話風趣。聚會時，是很受歡迎的常客，長輩也對他疼愛有加。不過，總覺得他不太穩重，雖然看似無所不知，細談之後卻發現他的了解不深。只要談話稍微深入一點，便會發現其知識的淺薄。他本人對此也有所自覺，因此，在嘻皮笑臉的背後，可以看出他內心的怯弱不安。大概是受到這種性格的影響，他常說自己無法專心準備考試，不安感越來越強烈。

B君——無時無刻不以前3名為目標，努力向前衝。由於小學到高中時，就讀直升式的名校，又是國立大學畢業，因此自認才學兼備，充滿自信。但是，很害怕自己一旦停下腳步，就會被其他人超越，所以對新事物十分敏感。在準備考試之際，也時時注意有關證照的最新資訊，一有刊載關於試題走向和預測等的報導，會立刻剪下來，似乎花了相當多的時間K書。

C君——非常樸實不起眼的類型。與其說是上班族，更像一名研究者。雖然笨拙，但是很努力。不過，對新事物的態度消極，不太會立刻行動，可能不適合從事銷售或業務工作，因為容易給人不可靠的印象。

他們各自設定要努力讀書，在半年內考取證照。A君參加了為考證照而設計的函授課程，B君去上專門為社會人士開設的夜校；C君則採取最平凡的讀書方式，他們各自用不同的方式來準備證照考試。沒想到，最後只有C君考到了。

當我問C君是如何準備時，他說他的方法是「多做考古題」。所以，不斷向前衝，不一定能通往成功。在準備證照考試等事情上，只要了解過去常出現的題型、大概要考幾分，往往就能清楚知道成功的祕訣。

練習考古題，比拚命死背有效果

基於上述的理由，我想多談談如何活用考古題，這是準備考試最有效的方法之一。事實上，花費多少心力鑽研考古題，常會成為勝負的關鍵。不論學生或社會人士，如果要準備考試，不妨先研究考古題。

入學考、資格考的出題方向，需要記住多少知識、要動腦筋思考的題目佔多少比例等，如果不清楚，大概無法擬出有效的應試對策吧！在決定放棄、設定計畫或目標時也一樣，練習考古題比參照偏差值、排名等，都還要可靠。

此外，**練習考古題的過程中，題目做越多，解題越上手，有時候光是這樣做，就能讓成績進步。**考駕照時也一樣，多練習過去的題目，比拚命苦讀規則，更容易取得高分。

有效率的練習，是上榜的捷徑

日本的「大學入學考試中心測驗」（註），也可以經由練習而越來越上手。該測驗過去的試題，大約每10年就會分科整理成題庫發行；再者，大學入學考試中心為使平均分數維持穩定，會在出題上下許多工夫，所以每年試題的難易度都差不多，也會公布答案與配分。

選擇題的答案是固定的，但是，像國文這種科目，為了避免爭議，試題會被設計成必須仔細閱讀後，才會有答案。解題的過程中，就會漸漸培養出一種「答題的直覺」。不但如此，還可以輕易又正確地算出分數，準確預測自己的成績。

只要看到結果，就會明白自己的實力，也會知道是否達到上榜分數，如果尚未達到，還差幾分？在準備上，必須捨棄或加強哪些地方？只要讀書有效率，就能穩紮穩打地朝上榜之路邁進。

「重點資訊」不必多，量太大反而是一種干擾

社會人士所挑戰的資格考也是如此，雖然不像大學入學考試一樣普遍，但是，許多資格考試也會出版考古題。因此，即使問題的切入點不同，但是會一再重複出現。多做考古題，漸漸就會清楚題目的走向，也會知道必須重點加強的內容有哪些，避免做白工。

C君就是透過不斷練習而考上的，雖然他是實幹型的人，不懂得靈活運用新資訊，平常的工作也無法很快完成。但是，他利用過去的考古題，在有限時間內，按照自己的步調讀書，在每天通勤與夜晚睡前的零碎時間讀書；確實掌握測驗題中的重點，順利考取證照。

註：日本有意願進入國公立大學的學生，多半須參加「第一入學考試中心測驗」，其性質近似於台灣的大學聯考。只要是高中畢業或是有高中同等學歷，每個人都可以參加這項考試。

雖然，我們不能說A和B的做法是錯的，但以結果來說，他們的確落榜了。最可怕的是，因為內心焦急而沉溺於大量資訊中，抓不到方向。

在資訊氾濫的現代，如何篩選資訊並加以活用最重要。**溫故知新，在被大量的資訊淹沒前，先回首過去，說不定就會發現通往成功的捷徑。**

不要對失敗太敏感，神經大條一點

平庸的人，比天才更容易成功

情緒容易低落、鬱鬱寡歡，尚未到生病的地步、但是精神上有些鬱悶的人，有時候會來找我諮商。稍微聊兩句之後就會發現，這種人在公司裡都有以下的煩惱：

「我很在意上司、前輩、同事或部下對我的看法。」

「只要別人一對我說重話，我就馬上把話吞回去。」

「只要被拒絕一次，我就會立刻放棄，並對此假裝不知道。」

「一有反對意見就馬上妥協，就算認為自己是對的，也會順從別人。」

聽過許多案例之後，我發現，這種人會對旁人的失敗非常敏感。看到同事在工作上受挫，便害怕自己也會變成那樣；因此，只要身邊有人反對，就會妥協。看到被客戶抱怨而被調職的前輩，會認為樹大招風，還是低調一點比較好。

雖然對自己很有自信，卻害怕挑起旁人的敵對心理，造成不堪設想的後果，因此選擇自我壓抑。失敗、沒出息、不順遂的人，總是參考失敗案例，為自己製作一本「參考集」；最後，越來越不敢採取行動。

太在意失敗，只是扯自己後腿

若根據失敗案例來限制自己的行為，能夠行動的空間會越來越狹隘。可想而知，最後會變得動彈不得。人類為什麼會對「失敗」這麼敏感呢？因為失敗與成功是對立的兩個極端。

只關注失敗的人，看不見通往成功的道路，變得裹足不前。讓自己的行動受限、動彈不得的人，正是你自己。雖然這是題外話，但是，我認為醫生建議的健康法則，有80%～90%都靠不住。

因為他們平時接觸的都是病人，幾乎不曾接觸健康且長命百歲的人。所以，他們鼓吹的養生觀，有點像是集結「不當行為」的健康法則。實際統計後發現，略胖或膽固醇高等，在醫師看來「不健康」的人不但很長壽，身體也很硬朗。一旦生活中處處受限，也很難讓身體更「健康」。

成功一定有方法，找出來

向成功的案例學習，把失敗案例當作負面教材固然很好，但是觀察成功者，了解其成功的原因，才是通往成功的捷徑。話雖如此，執迷於失敗的人，恐怕會覺得「這樣做也沒用」吧！

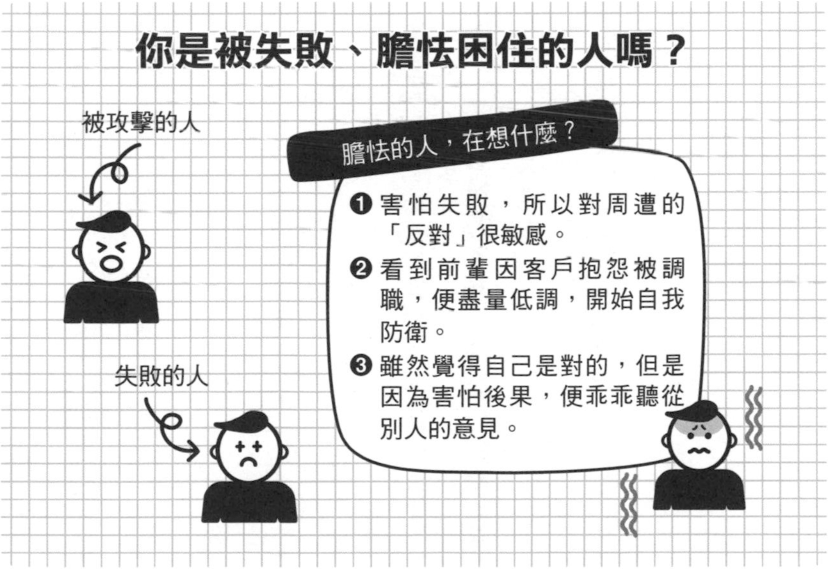
你是被失敗、膽怯困住的人嗎？
被攻擊的人
失敗的人
膽怯的人，在想什麼？
❶ 害怕失敗，所以對周遭的「反對」很敏感。
❷ 看到前輩因客戶抱怨被調職，便盡量低調，開始自我防衛。
❸ 雖然覺得自己是對的，但是因為害怕後果，便乖乖聽從別人的意見。

不過，懂得學習成功者的人會發現，就算是平庸之人，只要照著做，成功機率也會提高。若以我的人生觀來說，就是「成功必有因」。反之，認為「別人成功是因為有才華」的人，會越來越不敢行動。首先，你必須知道，事實並非如此。成功的人都有其原因與法則，讓我們思考一下吧！

只要稍微改變想法，就會對世界漸漸改觀。光是羨慕成功的人，自己也不會有任何改變。如果渴望自由自在地行動、成功，不妨思考如何致勝，並加以實踐。

「成功」最需要正確的方法，缺乏才華與資質平庸是理所當然的。擁有才華固然很幸運，但是不代表你就得立志獲得諾貝爾獎。**不必依靠才華，只要分析自己的做事方法，就能輕易獲得成功。**

執迷於失敗的人當中，或許有人認為即使分析成功，也沒辦法減少失敗的風險。不過，如果什麼都不做，和辦事不力是一樣的。

在自己「能做的事」上下功夫

走錯路也沒關係，危機可能是轉機

如果貿易公司有一位怕生、無法主動與人攀談的職員，會很讓人傷腦筋。以工作適性的角度來看，這種人不太適合在貿易公司上班。另外，保險公司有一位不擅長電話應答的業務人員，這點對其工作也極為不利。

然而，貿易公司職員與保險業務員其實都非常優秀，每年都有傑出的工作成績。因為他們為了克服自己的弱點，一直在自己能力所及的範圍內努力；能夠揮去弱點意識、勇敢克服固然很好。

可是，實際上很難這麼順利，既然如此，就想想其他的辦法；這一定比克服弱點還要簡單。這兩位不善言辭的人，想到的方法如出一轍，那就是透過「電子郵件」溝通。

別被弱點限制，找出替代方案就好

雖然不會說好聽的話、口拙、容易緊張，如果寫成文字，就能順利表達想說的話。雖然也可以寫信和傳真，但是電子郵件更簡便。對對方來說，可以先存在電腦裡等有空的時候再看，看完後也可以輕易地刪除。當然，郵件寄出之後，對方不見得會看，但這卻是和「與人攀談」、「講電話」一樣有效的溝通方式。

除了工作之外，**不論興趣或學習，如果有想做、非做不可的事，首先要做的就是製造契機。正如同不播種、焉能收穫一樣，沒有行動就沒有成果。**更何況，播下一粒種子，不一定就會開花，也不保證它能健康地長大結果。

比如說，如果我們要在田裡撒種、種菜。一開始就要撒多一些種子，等種子發芽、長出葉子之後再疏苗，留下健壯的幼苗；如此經過各個階段，長成蔬菜。

工作也是如此，有必須遵守的播種法則。只要大量播種，不久就會有一些芽冒出頭。就算沒有發芽，也不必放棄，只要下次再播更多種子就可以。盡可能讓更多的芽兒冒出來，漸漸地就能培育出健壯的幼苗。

或許你已經有小苗了，那就從小苗開始種起；這比從種子開始培育還要省事，播種之後不久便會發芽、成長。因為不敢與人攀談、害怕講電話而一直逃避，永遠也不會有結果。思考不使用電話，也能播種、育苗的方法；有越多種子或幼苗，長成結果的機率就越高。

「繞路」並不吃虧，只要開始做，就接近終點了

事情進展不順利時，原因多半出在

只要行動，就能開花結果！
不行動光等待的人，
永遠不會成功。

自己身上。不論選擇右邊或左邊、YES或NO，自己都無法決定。在電動遊戲「勇者鬥惡龍」中，有一個系列屬於「角色扮演」，藉由持續不斷的冒險，以達到最終目的。過程中不論是解決難題、與敵人作戰，都必須做抉擇，選擇前進或後退。某些情況下，若選擇其中一個方向，會比較快過關，但是，就算不這樣選擇，遊戲也不會就此終了。

做出選擇就能前進，有時候，**繞遠路比走捷徑更容易獲得情報，正如「欲速則不達」的道理，從結果來看，有時候繞遠路才是捷徑。**工作和人生何嘗不是如此？經常被迫選擇，否則無法前進到下一個階段，永遠也到不了終點。

既然如此，與其一直煩惱、猶豫不決，還不如快點決定。只要選定方向、採取行動，下個階段便會逐漸在眼前展開。如果這是捷徑，那麼你很幸運；就算是條迂迴路徑，也會有所收穫。不喜歡繞遠路，也可以回頭選擇另一個方向，再繼續前進；「行動」比「思考」更能推動事物的進展。

做出選擇、然後行動，就是向終點靠近的成功法則。

結語

想太複雜，「成功」就會遠離你

閱讀像本書的這類書籍時，有時會覺得一定要全部照做，因而感到不安；實際上，只要能嘗試1、2項就已經足夠。本書中提到9項各位應該嘗試的事情，實際上應該有不少人嘗試後卻全數失敗。即使如此，我還是希望大家不要放棄，多嘗試其他方法。

不需要全部都嘗試，只要嘗試1項就好。就算失敗，只要肯做第1項嘗試，而不是光說不做，一定就會與昨天的自己判若兩人。

就算是「能幹的人」，也不會認為本書的9個習慣必須全部做到。當然，具有實踐力的人，想必會比一般人做更多嘗試，但是，也並非每一件事都會做到。因為想找到適合自己的方法、想讓自己與眾不同，於是將本書的內容全部試做，反而會覺得很累。即使是我，擁有再多想法，也不會全部付諸實行。

別太苛求自己，輕鬆行動

如果問我這樣說的理由，正是因為瞻前顧後、裹足不前的人，多半把一件簡單的事情想得很複雜。他們缺少「嘗試看看」、「從能力所及的事情開始做」這樣的自在感，他們常在讀了書後，便認為一定得照做不可。可是，一旦把事情想得很困難，得到的好處將少之又少。

人類皆以自己獨有的方式活在世上，看似不容易，卻難不倒任何人。英語中有句俗諺：「Take it easy」。「easy」有「輕鬆自在」的意思，也有「容易」的意思。

或許我的寫作方式讓人覺得本書的內容很困難，但是，希望大家盡量別想得太複雜。如果因此能讓你更輕鬆地採取行動，就是身為作者的我，無上的榮幸。

和田秀樹

Easy 輕鬆學 輕鬆學系列017

90%的事，都能 10 分鐘做決定

想太多，做不了大事！9 個習慣，擺脫猶豫不決

「あれこれ考えて動けない」をやめる9つの習慣

作　　者	和田秀樹
譯　　者	鍾嘉惠
出版發行	采實文化事業有限公司 116台北市羅斯福路五段158號7樓 電話：（02）2932-6098 傳真：（02）2932-6097
電子信箱	acme@acmebook.com.tw
采實官網	http://www.acmestore.com.tw/
采實文化粉絲團	http://www.facebook.com/acmebook

總 編 輯	吳翠萍
主　　編	陳永芬
執行編輯	姜又寧
行銷組長	蔡靜恩
業務經理	張純鐘
業務專員	邱清暉・李韶婉・賴思蘋
會計行政	江芝芸・陳姵如
校　　對	陳永芬・姜又寧
美術設計	許晉維
內文排版	菩薩蠻數位文化有限公司
製版・印刷・裝訂	中茂・明和
法律顧問	第一國際法律事務所 余淑杏律師

ISBN	978-986-6228-76-6
定　　價	260元
初版一刷	2013年7月25日
劃撥帳號	50148859
劃撥戶名	采實文化事業有限公司

國家圖書館出版品預行編目資料

90%的事，都能10分鐘做決定：想太多，做不了大事！9個習慣，擺脫猶豫不決
和田秀樹原作；鍾嘉惠譯.--初版.--臺北市：采實文化，民102.07
面；　公分. --（輕鬆學系列；17）譯自：「あれこれ考えて動けない」をやめる9つの習慣

ISBN　978-986-6228-76-6（平裝）
1.習慣　2.生活指導　3.溝通法

176.74　　102010326

「AREKORE KANGAETE UGOKENAI」 WO YAMERU 9TSU NO SHUKAN

Originally published in Japan in 2009 by DAIWA SHOBO PUBLISHING CO.,LTD..
Chinese translation rights arranged through TOHAN CORPORATION, TOKYO.,
and Future View Technology Ltd.

采實文化 ACME PUBLISHING

廣	告	回	信
台北郵局登記證			
台北廣字第03720號			
免	貼	郵	票

采實文化 ACME PUBLISHING 采實文化事業有限公司

116台北市文山區羅斯福路五段158號7樓

采實文化讀者服務部　收

讀者服務專線：02-2932-6098

Easy 輕鬆學 系列專用回函

系列：輕鬆學017

書名：90%的事，都能10分鐘做決定：想太多，做不了大事！9個習慣，擺脱猶豫不決

讀者資料（本資料只供出版社內部建檔及寄送必要書訊使用）：

1. 姓名：
2. 性別：□男　□女
3. 出生年月日：民國　　年　　月　　日（年齡：　　歲）
4. 教育程度：□大學以上　□大學　□專科　□高中（職）　□國中　□國小以下（含國小）
5. 聯絡地址：
6. 聯絡電話：
7. 電子郵件信箱：
8. 是否願意收到出版物相關資料：□願意　□不願意

購書資訊：

1. 您在哪裡購買本書？□金石堂（含金石堂網路書店）　□誠品　□何嘉仁　□博客來　□墊腳石　□其他：＿＿＿＿＿＿（請寫書店名稱）
2. 購買本書日期是？＿＿年＿＿月＿＿日
3. 您從哪裡得到這本書的相關訊息？□報紙廣告　□雜誌　□電視　□廣播　□親朋好友告知　□逛書店看到□別人送的　□網路上看到
4. 什麼原因讓你購買本書？□對主題感興趣　□被書名吸引才買的　□封面吸引人　□內容好，想買回去做做看　□其他：＿＿＿＿＿＿（請寫原因）
5. 看過書以後，您覺得本書的內容：□很好　□普通　□差強人意　□應再加強　□不夠充實
6. 對這本書的整體包裝設計，您覺得：□都很好　□封面吸引人，但內頁編排有待加強　□封面不夠吸引人，內頁編排很棒　□封面和內頁編排都有待加強　□封面和內頁編排都很差

寫下您對本書及出版社的建議：

1. 您最喜歡本書的特點：□實用簡單　□包裝設計　□內容充實
2. 您最喜歡本書中的哪一個章節？原因是？

＿＿＿＿＿＿

3. 您最想知道哪些關於自我啟發、職場工作的觀念？

＿＿＿＿＿＿

4. 人際溝通、成功勵志、說話技巧、投資理財等，您希望我們出版哪一類型的商業書籍？

＿＿＿＿＿＿